Yanfu

Yu

Fanyi

严复与翻译

谢龙水 著

图书在版编目(CIP)数据

严复与翻译/谢龙水著. --福州：福建人民出版社，2020.9
ISBN 978-7-211-08502-6

Ⅰ. ①严…　Ⅱ. ①谢…　Ⅲ. ①严复—翻译—研究
Ⅳ. ①H059

中国版本图书馆 CIP 数据核字（2020）第 145138 号

严复与翻译
YANFU YU FANYI

作　　者：谢龙水
责任编辑：莫清洋
出版发行：福建人民出版社　　**电　　话**：0591-87533169(发行部)
网　　址：http://www.fjpph.com　　**电子邮箱**：fjpph7211@126.com
地　　址：福州市东水路 76 号　　**邮政编码**：350001
经　　销：福建新华发行（集团）有限责任公司
印　　刷：福州德安彩色印刷有限公司
地　　址：福州市金山浦上工业区 B 区 42 幢
开　　本：700 毫米×1000 毫米　1/16
印　　张：10.5
字　　数：126 千字
版　　次：2020 年 9 月第 1 版　　2020 年 9 月第 1 次印刷
书　　号：ISBN 978-7-211-08502-6
定　　价：38.00 元

严复（1854—1921）

前　言

严复先生离开我们快100个年头了，但他一直活在人们的心里。谈到《天演论》，我们就会想起严复；谈到翻译，我们更会想起严复提出的“信达雅”标准。多少年来，国人谈论起严复，可谓众说纷纭，褒贬不一。但是，严复精神和他的翻译思想从未过时，这是值得我们发扬光大的宝贵文化遗产。

改革开放以来，国人对严复的研究从未止步，据不完全统计，以论文或专著形式发表的研究成果达3000余篇（部）。这足以说明人们始终没有忘记这位中国近代著名的启蒙思想家、翻译家、教育家。

研究一位历史人物，视角不同，结论也不同。笔者认为，严复首先是一位思想家，其次才是翻译家，这对理解严复的翻译问题非常重要。过去，一些学者总认为他的译著不是翻译，而是编译，或是以“作”代“译”。还有一些学者认为，“信达雅”只是翻译的一般原则，谈不上是翻译理论。笔者对此不敢苟同。脱离严复翻译活动的具体历史背景和译书目的，纯粹用翻译家的标准来衡量严复译作，无疑窄化了严译名著的内在意蕴。事实上，严复的翻译思想和翻译理论远要丰富得多。这也是笔者不揣谫陋，尝试在本书中全面、系统研究严复翻译理论的原因。

近五年来，笔者试图从严复译著中揭示他的翻译思想、翻译宗旨、翻译原则、翻译模式、翻译手法等信息，并将之归纳为“五三译论”，希望对我国翻译理论体系建设有所裨益，并对广大的翻译工作者能有一定启发。

本书撰写过程中，承蒙福建人民出版社责任编辑的热心帮助与指导，在此表示衷心感谢！

谨以本书献给作者中学时代的两位恩师——吴丽冰女士和王永成先生，献给笔者曾经多年工作过的知名高新物流技术企业——湖州德马物流系统工程有限公司，和福建紫金矿业集团、长沙矿山研究院，以表诚挚谢意。

谢龙水

2018年12月于长沙

目　录

第一章　绪　论

严复先生所处的时代，正是中华民族内忧外患日益深重之际。处在这样的巨大变局中，像严复这般关切民族存亡，且有着敏锐洞察力的学人，自不能对国家的多灾多难无动于衷。他由学习船政军务、枪炮技艺而倾心西学，并进而译介西方近代思想名著，由船政学子、海军留学生而成为声名赫赫的启蒙思想家和译界泰斗，这一熠熠生辉的人生轨迹，反映出严复身上强烈而理性的爱国精神。国家要富强，民族要兴旺，就需要像严先生这样的精神。

在译介西学、开导民智的同时，严复在翻译理论上也有重大建树，譬如提出著名的“信达雅”翻译三标准。可以说，这是我国翻译史上又一个里程碑。

严复留给我们的不单是诸如《天演论》这类译著，更重要的是文化精神，可称为“严复精神”。这种精神影响着一代又一代人，极具强大的生命力。

第一节　生平事迹

严复于1854年1月8日生于福州南台苍霞洲阳岐乡一个儒医家庭。他初名传初，曾改名宗光，字又陵，又字几道，晚号瘉壄老人。在考入福州船政学堂之前，严复先后师从五叔严厚甫、黄宗彝、黄增来三位先生，以学习儒家经典为主，立志走科举之路来实现父亲严振先的夙愿。1866 年，因父病卒，家贫不再从师。同年，严复考入闽浙总督左宗棠创办的福州船政局附设的船政学堂，学习舰船驾驶。1871 年，他以最优等的成绩毕业，随后多次上建威号舰实习，或北上经浙江、上海、烟台、天津至牛庄，或南下经厦门、香港、新加坡、槟榔屿，航行范围颇广。1874 年，日本侵扰台湾期间，又随福建船政大臣沈葆桢至台，测量海口，筹备海防。1875 年，严复被改派上扬武号实习，北上巡历黄海，并于次年由烟台前往日本访问。1877 年 1 月，经沈葆桢等人奏请，清廷决定派一批福州船政学堂毕业生前往欧洲留学。同年 9 月，严复与萨镇冰、方伯谦、何心训、林永升、叶祖珪等 6 人进入英国格林尼次皇家海军学院学习深造。在英国留学期间，严复有幸遇上了当时清政府驻英公使郭嵩焘这位知音，这可以说是他研究西学的一位难得的“引路人”和支持者。他们经常在一起探讨英国社会制度、资产阶级政治学说、西方哲学思想，讨论西方先进的近代科学，议论家事国是，两人无所不谈，结下深厚的情谊。

1879 年 7 月，严复完成海军学院学业，稍后离英回国，担任福州船政学堂教习。1880 年 11 月调任天津水师学堂“洋文正教习”，负责学堂的驾驶专业，之后屡有升迁。1900 年 6 月严复离津赴沪，结束了北洋水师学堂总办的职务，任教时间长达 20 年。在执教期间，严复的思想是积极的、进步的，他系统研读了政治学、经济学、社会学、教育学、哲学等众多领域内的西方经典著作。甲午海战后，民族危机加深，进一步刺激了严复的忧患意识。他以译介西学为挽救危亡的手段，发表、出版了一系列风行全国的译著。据记载：“中日甲午战争后，在天津《直报》先后发表《论世变之亟》、《原强》、《救亡决论》、《辟韩》等论文，斥历代帝王为‘大盗窃国者’，反对顽固保守，主张向西方学习，提倡新学，实行改良，认为培养民力、民智、民德，是使中国富强的根本办法。其具体方案为：禁止鸦片与缠足而崇尚武精神，废除八股而提倡西学，废除专制政治而实行君主立宪。又译述赫胥黎的《天演论》（今译《进化论与伦理学》），以‘物竞天择，适者生存’的进化论观点，唤起国人救亡图存，对当时思想界影响极大。曾协办北京通艺学堂，主办天津《国闻报》。百日维新期间，受光绪帝召见，被询问办理海军及办学堂事甚详。戊戌政变后，翻译《原富》、《群学肄言》、《群己权界论》及《穆勒名学》、《法意》、《名学浅说》等书，较有系统地介绍和传播了西方资本主义的文化，成为近代中国著名的启蒙思想家。”① 这些论著译著，在当时颇有感召力，对西学东渐起着一定的推动作用，也可以说是中西文化交融的一次新开端。

严译名著给正处于新旧交替间的中国社会带来的冲击是极其巨大的，而严复本人也因熟谙中英文、富于译才及独特的翻译策略而成为译界巨子，相关职务纷至沓来。1902 年 6 月，京师大学堂译书局“开局”，聘严复为总办，长子严璩亦在此供职。1904 年，严复辞去总办一职。1909 年 5 月，严复被任为清政府宪政编查馆二等咨议官，宪政编查馆主要负责编译东西各国宪法及办理宪政、编制法规等事务。然严复在此极少有具体事务，类同闲职。同月，又被清政府学部聘为审定名词馆总纂。该馆负责各学科中外名词术语的厘定和统一。严复亦积极参与筹建该馆，并工作至辛亥革命爆发，清政府灭亡。1912 年 11 月，严复以其在船政军务方面的才识被袁世凯聘为海军部编译处总纂，负责翻译外国海军图籍。

在教育界，严复也占有尊荣的一席。早在 1896 年，严复奉命

① 陈旭麓等主编：《中国近代史词典》，上海：上海辞书出版社，1984 年，第 285～286 页。另，本书各参考文献首次出现时完整标注，再次引用时简化格式。

在北洋水师学堂创办俄文馆，自任总办并亲自拟定课程。同年，严复结识张元济，协助他筹办北京通艺学堂，并长期给予学堂支持。1905 年夏，严复协助马相伯创办复旦公学，还短期担任该校校长。同年 10 月，担任安徽高等学堂监督。1912 年 3 月，严复担任京师大学堂总监督，为北大办学经费筹措、教育改良及人事调整等工作积极奔走，多方斡旋，因此深得校内多数学生和教职工的拥戴，但因与教育部关系不洽及革命党人的排挤而被迫去职。严复一生热衷教育，将之视作开启民智的事业。他对数次主持校政的机会皆极珍视，力图矫正旧弊，革新教制，积极宣传西方的办学模式并将西学引入教学，开拓师生的视野。

辛亥革命后，国体巨变，社会动荡不安，旧有的伦理道德观念也随之受到猛烈冲击。严复虽鼓唱西学，但在政治上，他向来推崇改良，追求社会秩序的稳定统一；在文化上，幼时浸润于传统儒家教育，亦令他对荒经蔑古的社会风潮极为厌恶。出于对革命党人的不满和对共和政体的排斥，此时期的严复一度依附袁世凯，并于 1913 年列名发起孔教会，于 1915 年参与“筹安会”，但始终不莅会，亦未发挥实质性作用。综观这一时期严复的各种言行，其中固然包含了他一贯的偏见，但也不乏一些有益的见解，但在风云变幻的时代洪流下，则不免显得保守甚至倒退。而依附袁世凯，更是成为他的人生污点。

1916 年起，严复开始蛰居北京，鲜涉政事，也很少公开发表文章。1921 年 10 月 27 日，严先生在福州郎官巷寓逝世，享年 69 岁。严复的一生光明磊落，为中国富强奋斗不息，不愧为中华民族的优秀儿女。[1]

---

① 本节主要参考了王栻主编：《严复集》，北京：中华书局，1986 年；皮后锋：《严复大传》，福州：福建人民出版社，2013 年；孙应祥：《严复年谱》，福州：福建人民出版社，2014 年。

第二节 严复精神

所谓精神，是指人的意识、思维和心理表现出来的活力。精神并不是天生的，它与人的成长环境、教育思想、人际交往有一定关系。什么是“严复精神”？我认为就是一句话：“为民解忧，为国尽忠。”这是严复一生矢志不渝的志向，也是严复一以贯之的抱负。正是怀着这样的信念，他才能在人生中无数次遇到暗礁险滩时砥砺前行。

从严复的成长环境来看，他的理想、志向之形成与三个人有很大关系，这三个人分别是严振先、沈葆桢和郭嵩焘。在严复的成才阶段，他们三人应该属于“导师”类人物。

严复生在儒医家庭，其父严振先“救死扶伤，为民解难”的情景对年幼的严复多少有些触动。严复14岁那年，父亲病逝，他这时的年龄，属于懂事的成长阶段。生活在这样的家庭环境，家风的熏陶，对严复志向的树立或多或少有些影响。

沈葆桢[①]是严复遇到的第一个贵人，也是第一个伯乐。当时，福州船政学堂招考，作文命题是《大孝终身慕父母论》，严复的答卷被主考官沈葆桢看中，他遂以第一名被录取。中国人常讲“百

---

① 沈葆桢（1820—1879），福建侯官（今闽侯）人。字幼丹。道光进士，授编修，迁御史。1856年初，任江西九江知府，随曾国藩管营务。次年署广信知府，同太平军作战。1858年擢广饶九南道。1861年由曾国藩推荐，出任江西巡抚，倚用湘军将领王德榜、席宝田等镇压太平军。1866年，由左宗棠推荐，继任福建船政大臣，专主福州船政局。1874年日军侵略台湾时，被派为钦差大臣，办理台湾等处海防，兼理各国事务大臣。带领船舰前往台湾，部署防务，“修城筑垒为战备”。日军撤退后，又购买机器，主持开采基隆煤矿。1875年，升任两江总督兼南洋通商大臣，督办南洋海防，大力扩充南洋水师，与李鸿章同为清政府筹建海军的主持者。参见陈旭麓等主编：《中国近代史词典》，第370页。

善孝为先”，有孝心，则有仁爱，则有爱国情怀。这样的考题，也许是出于考察考生人品之考虑。

自严复进入福州船政学堂学习、去英国留学直至回国任教，作为福建巡抚的沈葆桢一直都在关心这位年轻学子的成长。1873年6月，日本侵扰台湾，严复与同窗学人随沈葆桢前往台湾办理海防事务。1877年，沈葆桢又奏请清廷派严复等人到英国留学。沈葆桢于1879年逝世，严复学成回国赴母校福州船政学堂任教也是在这一年。从严、沈二人的接触中可以看出，沈葆桢对严复关爱有加，也赏识严复的才华。在回忆当时福州船政学堂招考情况时，严复感慨地说：“尚忆垂髫十五时，一篇大孝论能奇。”[①] 可以说，沈葆桢对严复个人事业的发展是有恩的。

郭嵩焘[②]也是严复留学英国时的一位良师益友。郭嵩焘曾称赞“闽人诚悫务学，讲求西法，为各省之冠”，[③] 而严复则是他最为欣赏的年轻人。他们经常在一起切磋西学和中学之异同，往往日夜不休，这对严复立志潜心西学有重大影响。从郭嵩焘日记可以看出，他与英国官员会晤，常会邀严复一道前往。他在日记中

① 见《严复集》，第364页。

② 郭嵩焘（1818—1891），湖南湘阴人。字珀琛，号筠仙，晚号玉池老人。学者称为养知先生。早年游学岳麓书院，与曾国藩、刘蓉相交往。道光进士，授翰林院庶吉士，丁父母忧回籍。1853年随曾国藩办团练，被派赴南昌与太平军作战。曾向江忠源建议办水师抗击太平军。后曾国藩注重湘军水师，实由郭发其端。1857年授编修，次年入直上书房。1859年英法联军侵犯大沽口时，派赴天津协助僧格林沁，议不合，辞去。1862年授苏松粮储道，迁两淮盐运使。次年升广东巡抚，后与两广总督瑞麟不合，被黜。1875年授福建按察使，未到任，命在总理衙门上行走。1876年，被派赴英国对马嘉理案表示“惋惜”，并首任驻英公使。1878年兼驻法公使。次年以病辞归。主张学习西方科学技术，办铁路、开矿务，整顿内务，以“立富强之基”，遭到顽固派的猛烈攻击。对俄、英、法等国交涉，采协和态度。生平著述大半散佚，存者有《礼记质疑》、《大学质疑》、《中庸质疑》、《使西纪程》、《养知书屋遗集》及诗集、奏疏等。参见陈旭麓等主编：《中国近代史词典》，第598～599页。

③ 《郭嵩焘日记》第三卷，长沙：湖南人民出版社，1982年，第324页。

写道："又陵才分，吾甚爱之"，[①] 让严复"交涉事务，可以胜任"。[②] 还写信给清廷某大臣，说："出使兹邦，惟严君能胜其任。如某者不识西文，不知世界大势，何足以当此。"[③] 他认为严复"管带一船，实为枉其材"，[④] 也料定严复的志向不仅仅在于海军，遂建议放宽留学生的学业范围，严复得以继续读书，并广泛接触西学。

1891 年 7 月，郭嵩焘逝世，严复对此悲怆不已，深为郭嵩焘的境遇不平，特写下了这样的挽联："平生蒙国士之知，而今鹤翅氋氃，激赏深惭羊叔子；惟公负独醒之累，在昔蛾眉谣诼，离忧岂仅屈灵均。"[⑤] 以此表达对郭嵩焘知遇之恩的感激。

严复的理想、志向之形成是离不开其所处的环境的，尤其与严振先、沈葆桢、郭嵩焘等人的帮助与栽培有莫大关联。严复的一生虽也遭遇过不少挫折，甚至不乏阴暗的一面，但他最终树立起了维新救国的奋斗目标。这种锲而不舍的追求，势必铸就一种精神，就是"为民解忧，为国尽忠"，这是值得后人学习的。

戊戌变法失败，六君子被杀害。严复专门为此写了《戊戌八月感事》诗一首，以寄托哀悼缅怀之情，表达对顽固守旧分子的无比愤慨，以及对国家和民族命运的深切忧虑。这首诗里写道：

求治翻为罪，明时误爱才。
伏尸名士贱，称疾诏书哀。
燕市天如晦，宣南雨又来。
临河呜犊叹，莫遣寸心灰。[⑥]

① 《郭嵩焘日记》第三卷，第 570 页。
② 《郭嵩焘日记》第三卷，第 716 页。
③ 孙应祥：《严复年谱》，第 45～46 页。
④ 《郭嵩焘日记》第三卷，第 716 页。
⑤ 严璩：《侯官严先生年谱》，见《严复集》，第 1548 页。
⑥ 见《严复集》，第 414 页。

为了唤醒民众，救亡图存，严复先后在当时的《直报》、《国闻报》等报刊上发表《论世变之亟》《原强》《救亡决论》等文章，他指出：

天下理之最明而势所必至者，如今日中国不变法则必亡是已。

观今日之世变，盖自秦以来未有若斯之亟也；方今之计，为求富强而已矣；彼西洋诚富诚强者也，是以今日之政，非西洋莫与师。

夫如是，则中国今日之所宜为，大可见矣。夫所谓富强云者，质而言之，不外利民云尔。然政欲利民，必自民各能自利始；民各能自利，又必自皆得自由始；欲听其皆得自由，尤必自其各能自治始；反是且乱。顾彼民之能自治而自由者，皆其力、其智、其德诚优者也。是以今日要政，统于三端：一曰鼓民力，二曰开民智，三曰新民德。

严复在这些报刊上所阐述的政治主张切合当时的国情，在社会各阶层中引起极大反响，也为后来的五四运动做了舆论铺垫。著名学者李泽厚先生曾对严复给予了很高的评价：

严复是将西方资产阶级古典政治经济学说和自然科学、哲学的理论知识介绍过来的第一人。从而严复在中国近代思想史上开创了一个新纪元，使广大的中国知识分子第一次真正打开了眼界，看到了知识的广阔图景……这样，中国近代先进人士向西方寻求真理的行程便踏进了一个崭新的深入的阶段。这一事实是极为重要的，它从根本上打开了人们的思想眼界，启蒙和教育大批的中国人，特别是爱国青年。从严复同代或稍晚一些的人，到鲁迅的一代，到比鲁迅更年青的一代，无不身受其赐。[①]

① 李泽厚：《中国近代思想史论》，北京：人民出版社，1979年，第259页。

当一种思想升华为一种精神时，这种精神会给予人力量。在五千年的历史长河中，中华文化经久不衰，代代相传，“严复精神”所体现的正是中华文化的传承。

第三节 翻译成就

严复的翻译成就，除了一系列译著外，还体现在他的翻译理论方面。严复率先提出了“信达雅”翻译三标准，这是我国翻译理论的重大突破，正如香港岭南大学刘靖之教授所指出的，“严格的来说，中国的翻译理论始自严复《天演论·译例言》”[①]。就翻译理论而言，笔者认为“五三译论”可以较为完整系统地概括严复的翻译理论。事实上，除了“信达雅”之外，严复并无多少文字直接阐述其别的翻译理论，本书所做的工作正是从严复译著的字里行间系统归纳其译论。

所谓“五三译论”，笔者将其概括为“三达旨”翻译思想、翻译三观、翻译三原则、翻译三模式、“信达雅”翻译三标准，这五部分较为完整地构成了严复的翻译理论体系。

“三达旨”翻译思想，就是“文体达旨、套译达旨、引证达旨”。严复翻译的目的，是为了使译文能体现原著所阐述的思想，而不拘泥于内容与形式。中西文化迥异，从翻译目的和实际需要出发，采用文体、套译、引证三种方式来表达原著或原作者的思想，实现作者与读者之间的心灵契合，是严复的一种译法创新。

翻译三观，即“宏观等值观、变通处理观、知识产权观”，这是严复的翻译观念，与“三达旨”翻译思想一脉相承。严复在翻

① 刘靖之：《重神似不重形似——严复以来的翻译理论》，见罗新璋、陈应年编：《翻译论集（修订本）》，北京：商务印书馆，2009 年，第 950 页。

译中不求字比句次的对应，只求译文在宏观内容上符合原著。如此一来，译文不再是按部就班地直译，而是根据译者的需要随时做出调整。具体到严译名著，即有因不必译而免译、略译之处，亦有增译补译之处，甚而有自创新辞之例。这固然是以汉文雅言译介西学时不得不做出的调整，但同时也包含了严复主观上的选择。不过，这也是严复受到抨击的一个方面。原文中如有所谓的“隔尘”或不可译之处，严复往往采取“宏观等值”翻译观，以变通处置。“知识产权观”反映了严复具有超越时代的法律意识，这点与他的西学素养有很大关系，在今天也具有现实意义。

严复译书并非像林纾那样“耳受手追，声已笔止”，他坚持“取舍有度、洋为中用、读者至上”的翻译三原则。所谓“取舍有度”，是说在翻译中要把握好取舍的分寸，对于原著的选择和字句的翻译，要善于弃取，可则译，不可则否。严复西学湛深，其译著较之林纾的一百七十余种，可谓寥寥。但他所选择的都是在西方社会广有影响的政治经济学名著，可见其眼光精到，取舍有法。相较之下，林译非不谓善，但论在思想界的影响力，则远不逮严译名著。由于中西文化差异和国情不同，翻译中要注意“洋为中用”的原则，把西方先进的、积极向上的文化介绍给读者，摒弃那些低级趣味的糟粕。此外，严复一贯坚持以“读者至上”为翻译原则，这也是严复译著赢得欢迎的原因之一。

以心译心、意译＋诠释、译文＋案语，是严复独创的翻译三模式，也是严译受争议的一个方面。然而，严复以自己的翻译模式走出了一条独特的翻译之道，由此所产生的影响极为深远。以心译心的翻译模式，并不是所有译者都能得心应手的，因为它要求译者具有渊博的知识。譬如，严复用此模式来翻译赫胥黎的《天演论》，效果就很显著，此书一时风行全国。究其原因，贺麟说：

> 严复所选择的书，他均能了悉该书与中国固有文化的关系，和与中国古代学者思想的异同。如《天演论》序：“及观西人名学，则见其于格物致知之事，有内籀之术焉，有外籀之术焉。……乃推卷而起曰，有是哉，是固吾《易》、《春秋》之学也。迁所谓本隐之显者外籀也，所谓推见至隐者内籀也。”又说：“夫西学之最为切实，而执其例可以御蕃变者，名、数、质、力四者之学是已。而吾《易》则名数以为经，质力以为纬。”又《群学肄言·译余赘语》云：“窃谓其书（指《群学肄言》）实兼《大学》、《中庸》精义，而出之以翔实。以格致诚正为治平根本矣。”又《原富》例言：“谓计学创于斯密，此阿好之言也。……中国自三古以还，若《大学》，若《周官》，若《管子》、《孟子》，若《史记》之《平准书》、《货殖列传》，《汉书》之《食货志》，桓宽之《盐铁论》，降至唐之杜佑，宋之王安石，虽未立本干，循条发叶，不得谓于理财之义无所发明。”严氏类似此种之论调甚多，究竟有无附会之处，姑且勿论，但至少可知其并无数典忘祖之弊。一面介绍西学，一面仍不忘发挥国故。①

意译＋诠释、译文＋案语这两种翻译模式，在严复译著中表现得更为显著，与以心译心一样，都是为翻译目的服务的。这三种翻译模式，严复称之为“非正法”，而贺麟称之为译法创新，并指出：

> 他这种“引喻举例多用己意更易”的译法，实在为中国翻译界创一新方法。我们可称之曰“换例译法”。若能用得恰当，也是译外国书极适用的方法。近年如费培杰所译《辩论术之实习与理论》，廖世承译的《教育之科学的研究》，都是

① 贺麟：《严复的翻译》，《东方杂志》1925年第21卷。

采用这种更易例子的译法。①

翻译三标准，即“信达雅”，是衡量译文质量的准绳和依据。自《天演论·译例言》刊行100多年来，这一理论一直深受重视。实际上，严复当时仅提出译事三难是“信达雅”，并非向世人表明这是“翻译标准”，而后人在翻译实践中，逐步将之提升为翻译标准。贺麟说道：“他这三个标准，虽少有人办到，但影响却很大。在翻译西籍史上的意义，尤为重大；因为在他以前，翻译西书的人都没有讨论到这个问题。严复既首先提出三个标准，后来译书的人，总难免不受他这三个标准支配。”②

除翻译理论之外，严复译著据不完全统计，共有19种之多，达200多万字，内容涉及哲学、政治经济学、逻辑学、法学、教育学、社会学等众多学科。其中影响最大的是《天演论》，当时风行全国，该书于1905年由商务印书馆出版后，到1921年就印行了20版。可想而知，这本书对社会影响之大，以及渴求新思想的人士对此书倾慕之热情。③ 桐城派古文大家吴汝纶也为之倾倒，致书严复：“得惠书并大著《天演论》，虽刘先生之得荆州，不足为喻。比经手录副本，秘之枕中。盖自中土翻译西书以来，无此宏制。匪直天演之学，在中国为初凿鸿濛，亦缘自来译手，无似此高文雄笔也。”④ 就连一向自视甚高的康有为也称赞说：“译才并世数严林。”⑤ 由此可见，严复的翻译成就赢得了广泛认可和赞誉。

---

① 贺麟：《严复的翻译》。

② 贺麟：《严复的翻译》。

③ 欧阳哲生：《严复评传》，南昌：百花洲文艺出版社，2015年，第63页。

④ 《吴汝纶致严复书》其二，见《严复集》，第1560页。

⑤ 康有为：《林琴南先生写万木草堂图题诗见赠赋谢》，《庸言》1913年3月第1卷第7号。

第二章　翻译与文化

翻译是思想交流的重要纽带，它与文化有着十分密切的联系，是原作者、译者和读者之间沟通的桥梁。翻译难就难在要用准确的语言展现出原著的文化内涵，同时又符合读者的文化习惯。严复熟悉中西方文化，这是他翻译取得成功的重要因素。

第一节　从译背景

严复是我国近代史上著名的启蒙思想家，同时也是我国近代最负盛名的翻译家之一。严复本来是学海军的，为什么会走上翻译之路呢？李蟠先生认为，这与他的志向和当时的社会形势有关：

> 严复出身在一个封建知识分子家庭里，深受封建思想的薰陶，一直醉心于走科举的道路。直到甲午战争以后，他才从醉心科举的迷梦中苏醒过来，坚决抛弃科场登第的幻想，走上一条新的道路——资产阶级改良主义的道路。
>
> 严复本来是学军事科学的。父亲死后，他家道中落，无钱入学，所以考进了沈葆桢创办的船政学堂，后来去英国留学，也是学的海军。学成归国之后，先在母校，后在北洋水师学堂任职数十余年。照理，如果他要搞翻译，也应该是翻译军事科学著作。但是他却走上了专译社会科学著作的道路。

这原因就是清廷在甲午战争中的惨败。留学期间他受到西方资产阶级思想的影响，但他并未决心在中国推行资产阶级的政治。应该说是甲午战争促使他由封建主义转向资产阶级民主主义的。

他的翻译活动也就是在这个时期开始的。他的第一部译著《天演论》完全是在甲午之战中清廷惨败的刺激下奋笔译就的。他的儿子严璩在《侯官先生年谱》中对此有过如下的记载："和议始成，府君大受刺激，自是专力于翻译的著述，先从事于赫胥黎之《天演论》，未数月而脱稿。"由此可见，严复翻译此书的动机是想借书中"物竞天择，适者生存"的进化观点，激励国人奋发图强，反对卖国投降。尽管用生物进化观点解释社会发展和历史进化现象是错误的，但主观动机——要求变法图强却是非常积极的。[①]

严复走上翻译之路，主要原因是受甲午之战惨败的刺激，欲以自身深厚的西学积累，作为社会改良的对症之药。另外，科举落第和官运不亨也是不可排除的内在原因。严复学成归国后，科考连败，仕途蹭蹬，一度怀有悲观情绪。他在《送陈彤卣归闽》中写道："四十不官拥皋比，男儿怀抱谁人知。"[②] 反映出严复当时内心的苦闷与无望。当时清政府腐败无能，官场更是糜烂，严复在给其弟的信中说道："兄自来津以后，诸事虽无不佳，亦无甚好处。公事一切，仍是有人掣肘，不得自在施行。至于上司，当今做官，须得内有门马，外有交游，又须钱钞应酬，广通声气。兄则三者无一焉，又何怪仕宦之不达乎？置之不足道也。"[③] 不难看出，严复对当时的官场非常失望。另外，他在给伯兄观涛的信

① 李蟠：《谈谈严复的翻译》，《湖南师大社会科学学报》1986年第3期。

② 见《严复集》，第361页。

③ 严复：《与四弟观澜书》，见《严复集》，第731页。

上还说道："弟自笑到家时忽忽过日，足履津地，便思乡不置。天下茫茫，到处皆是无形之乱，饥驱贫役，何时休息，兴言至此，黯然神伤；拟二三年后，堂功告成，便当沥求上宪，许我还乡，虽饘粥食苦，亦较他乡为乐也。"[①] 信上之言，流露出严复内心世界是何等痛苦与无奈。

综上所述，严复选择托译言志，从此与翻译结下不解之缘，这完全是出于唤起民众去改良当时腐败的上层建筑和落后的中国社会之需要。

第二节 翻译风格

译者的文化底蕴不同，译风也不尽相同。在中西文化的双重影响下，严复的翻译形成了一种与众不同的风格，主要表现在以下几个方面。

第一，以翻译目的决定文体选择。为了使西学能引起当时士大夫们的关注，严复选择用先秦古文来翻译西学，在当时士大夫中引起极大反响，得到了桐城派古文家吴汝纶的赞赏。吴汝纶欣然应约为《天演论》作序，说："严子一文之，而其书乃骎骎与晚周诸子相上下，然则文顾不重耶?"[②]。蔡元培先生也赞同地说："他（严复）的译文，又很雅训，给那时候的学者，都很读得下去。所以他所译的书在今日看起来或嫌稍旧，他的译笔也或者不是普通人所易解。"[③] 严复的译文古奥典雅，不论是《天演论》，

① 严复：《与伯兄观涛书》，见《严复集》，第 730 页。

② 吴汝纶：《天演论序》，见［英］托马斯·赫胥黎著，严复译：《天演论》，上海：世界图书出版公司，2013 年，第 9 页。

③ 蔡元培：《五十年来中国之哲学》，见《最近之五十年》，上海：申报馆，1923 年。

还是《原富》等译著，均隽永渊雅，在译界形成了以他为代表的古文译派。冯友兰对严复译书有这样的评价："在严复的译文中，斯宾塞、穆勒等人的现代英文却变成了最典雅的古文，读起来像是读《墨子》、《荀子》一样。中国人有个传统是敬重好文章，严复那时候的人更有这样的迷信，就是任何思想，只要能用古文表达出来，这个事实的本身就像中国经典的本身一样地有价值。"①因此，在相当长的一段时期里，严复的古文译风对我国翻译界有很大影响。

第二，应形势之需要而选译西书。严复译书，对西学著作是有选择的，考虑的是配合当时形势的需要，故每译一书都含有极深远的用意，正如贺麟先生所说：

> 译斯密氏《原富》例言，最足表明此点："计学以近代为精密，乃不佞独有取于是书，而以为先事者，盖温故知新之义，一也；其中所指斥当轴之迷谬，多吾国言财政者之所同然，所谓从其后而鞭之，二也；其书于欧亚二洲始通之情势，英法诸国旧日所用之典章，多所纂引，足资考镜，三也；标一公理，则必有事实为之证喻，不若他书，勃窣理窟，洁净精微，不便浅学，四也。"又据蔡元培氏说，严氏译《天演论》时，本甚激进；常说"尊民叛君，尊今叛古"八个字的主义。后来，激进的多了，他乃反趋于保守。于民国纪元前九年，把四年前旧译穆勒的《*On Liberty*》，特避去自由二字，改作《群己权界论》。又为表示不赞成汉人排满的主张，特译一部《社会通诠》，自序中说，"中国社会犹然一宗法之民而已"。不管他译书的旨趣对不对，但总足见他每译一书必

---

① 冯友兰著，涂又光译：《中国哲学简史》，北京：北京大学出版社，1985年，第374页。

有一番深远的用意。这也是严译的一种特色。[1]

第三，译西学与研究中学结合。凡是与原书有关的书籍，严复都要阅读研究。正因如此，他不是简单地进行翻译，而是在译文中尽力展现中西方文化的丰富内涵，这在我国翻译史上实属少见。李蟠先生说："'他在所译作品的按语中能够旁征博引，详明解说，如在《天演论》的按语中就撮要介绍过达尔文的《物种原始》、斯宾塞的《综合哲学》、马尔萨斯的《人口论》，还提到古希腊哲学家苏格拉底、柏拉图、亚里斯多德、伊壁鸠鲁等人的学说。他还利用按语发挥本人的见解，批判中国的"旧学"。为了使读者了解原作者的生平，如译《原富》则并译《斯密亚丹传》。'（参见马祖毅《中国翻译简史》265 页）由于严复喜欢在译文中夹叙自己的研究心得，因此有人说他的译文严格说来算不得翻译，而是他的自撰之作。这一说法并非毫无道理。他本人也说过他的翻译只是'达旨'，实非正规的翻译，不值得别人效法。不过，这只是问题的一个方面，另一方面说明他确实不是一般的译者，而是研究者，是将翻译和研究结合在一起的翻译大师。"[2] 此点，稍看一下严译的序言、小注和案语便知，恕不具引。

第四，译书不拘泥原著而不悖原旨。严复译书自由驰骋，译法新颖，表达流畅，用词严谨，不悖原旨，如贺麟先生所说：

> 平心而论，严氏初期所译各书如《天演论》（1898）、《法意》（1902）、《穆勒名学》（1902）等书，一则因为他欲力求旧文人看懂，不能多造新名词，使人费解，故免不了用中国旧观念译西洋新科学名词的毛病；二则恐因他译术尚未成熟，且无意直译，只求达旨，故于信字，似略有亏。他中期各译

---

① 贺麟：《严复的翻译》。

② 李蟠：《谈谈严复的翻译》。

立者弱，弱乃灭亡。皆悬至信之格，而听万类之自己。至于人治则不然，立其所祈向之物，尽吾力焉为致所宜，以辅相匡翼之，俾克自存，以可久可大也。[①]

赫胥黎以园丁管理园圃之法来论述人治的哲理。严复译这段文字，并不是采用传统译法，而是用“非正法”把人治与物竞之间的关系译得淋漓尽致。这段译文向我们展现的就是“物竞天择，适者生存”的观点，与原文并不相悖。倘若逐字逐句地直译，效果可能差得多。

在翻译上，严复的“非正法”一直受到质疑。德国翻译理论家费米尔（Hans J. Vermeer）于1978年发表《普通翻译理论基础》（*Groundwork for a General Translation Theory*）一文，率先提出了“翻译目的论”（Skopostheorie）。该理论认为翻译是以原文为基础的有目的和有结果的行为，这一行为必须经过译者用意来完成。翻译必须遵循一系列法则，即目的法则、连贯法则和忠实法则，其中目的法则居于首位。费米尔认为，翻译中的最高法则是目的法则，译文取决于翻译目的，也就是说，翻译的目的不同，翻译时所采取的策略、方法也不同。换言之，翻译目的决定翻译的策略和方法。

翻译目的决定译法，这一理论为严复的“非正法”翻译提供了理论依据。尽管严复的翻译是“‘译述’（即译中有评、译中有释、译中有写、译中有编、译中有‘附益’、译中有删削、译中有案语），甚至采取一种全新的译法——‘引喻有更易’”，[②] 但如以费米尔的翻译目的论作为辩护，严复的译法也就顺理成章了。

众所周知，严复不是为翻译而翻译，而是出于当时救亡图存的需要。为了实现以西方的先进思想警醒国人尤其是当时的士大

① ［英］托马斯·赫胥黎著，严复译：《天演论》，第29、74页。

② 王秉钦：《20世纪中国翻译思想史》，第71～72页。

夫阶层之目的，严复只能从当时国情出发采用“非正法”译书，否则就有可能事倍功半。

综上所述，“翻译有法，但无定法，翻译目的、历史和目的语文化等因素决定翻译该采用怎样的策略和方法”[①]，诚然，文化是决定翻译方法的重要因素之一。

第四节 成功因素

俗话说，时势造英雄。在严复所处的时代，西方列强入侵中国，国家民族陷入内忧外患之中，如皮后锋博士所言：

> 就在中国一片内乱之际，英、法两国又于1856年发动第二次鸦片战争，1860年强迫清政府签订《北京条约》。沙皇俄国趁火打劫，先后强迫中国签订《瑷珲条约》、《中俄北京条约》、《中俄勘分西北界约记》。根据这些条约，中国不仅被迫将九龙司地方一区割让给英国，将东北、西北近150万平方公里的领土割让给俄国，丧失了大片领土，而且这些条约增加了鸦片贸易合法化、允许传教士到内地传教、海关雇用洋人等众多条款，中国主权屡次遭受严重损害。对腐朽的清王朝而言，可谓祸不单行，雪上加霜。[②]

严复就是出生、成长在这样一个多灾多难的年代，其平生遭际也与此紧紧相连。

在当时这种形势下，严复敏锐地洞察到西方文化对挽救民族危亡的巨大作用，遂立志迻译西学以唤醒民众，这是严复托译言

---

① 王小兵：《论严复的翻译缘何为“非正法”》，《唐山师范学院学报》2010年第32卷第1期。

② 皮后锋：《严复大传》，第8页。

志的成功因素之一，也是其不同于他人的可贵之处。

从外部因素来看，吴汝纶[①]和张元济[②]两位先生的出现和帮助，共同促成了严复翻译事业的成功。当时，吴汝纶是桐城派古文大家，在知识界极负盛名。他亲自为严译《天演论》作序，不仅令严复译著多加一分成功的可能性，也带动了国人向西方学习的热情。张元济是出版界巨擘，他非常有远见卓识，看出严复译著的巨大价值。张元济与严复交谊深厚，戊戌政变后，张元济赴上海任南洋公学译书院院长，任上时常向严复请教译书方面的问题，并去信提议由南洋公学译书院出版严复当时正在翻译的亚当·斯密《原富》。严复寄交书稿后，二人不时就印行问题书信往还，磋商讨论。张元济进入商务印书馆后，又陆续推出严复译著。在八部严译名著中，《原富》、《群己权界论》、《社会通诠》、《法意》、《名学浅说》均直接经张元济之手出版，可见张元济在严复翻译事业中发挥的巨大作用。

严复翻译的作品虽不多，但社会反响极大，正如李蟠先生所说："尽管数量不多，但影响之大、之远，却是罕见的。特别是

---

① 吴汝纶（1840—1903），安徽桐城人。字挚甫。同治进士。任冀州知州，后为京师大学堂总教习，赴日本考察学制，师事曾国藩，与张裕钊、黎庶昌、薛福成称"曾门四弟子"。与李鸿章关系亦密切。文宗法桐城派，气势较为纵肆，曾为严复所译《天演论》作序，备极称道。有《桐城吴先生全书》。见陈旭麓等主编：《中国近代史词典》，第337页。

② 张元济（1867—1959），浙江海盐人。字菊生。光绪进士。由庶吉士改刑部主事，充总署章京。中日甲午战争后，痛感非改革无以救中国，乃与文廷式、黄绍箕、陈炽、汪大燮、徐世昌、沈曾植、沈曾桐等数十人，经常在北京陶然亭聚会，议论朝政，提倡西学，筹商救国之策。又广求新书送光绪帝披览。1898年6月16日被光绪帝召见，询问办理北京通艺学堂情况甚详。戊戌政变时被革职，入上海南洋公学办理译书事宜，后接任公学总理。不久，加入商务印书馆，后任总经理。曾校印百衲本《二十四史》，影印《四部丛刊》等。新中国成立后参加中国人民政治协商会议，当选为全国人民代表大会代表。著有《校史随笔》、《涵芬楼烬余书录》等。见陈旭麓等主编：《中国近代史词典》，第399页。

《天演论》，其影响之大，在我国近代史上，没有先例。此书一出，立即风行全国，人们竞相争购，书店供不应求。据统计，在初版以后的十几年中，竟发行了三十多种不同版本。连一向目空一切的康有为也不得不承认严复译的《天演论》‘为中国西学第一者也！’”①

① 李蟠：《谈谈严复的翻译》。

第三章　翻译素质

翻译的好坏，与文化修养有很大关系。只有加强文化修养，才能练就翻译素质。从严复的译文来看，他在中学根柢、西学素养与语言功底三个方面都具有较高水准。这三个条件紧密相连，缺一不可，共同构成了严复译著的高质量。

第一节　中学根柢

中学意指中国传统思想文化与学术。严复译著所以能行而致远、流芳百世，其中一个重要原因是，他以中学疏通和诠释西学，即做了“本土化”处理。众所周知，严复自幼精读过四书五经等传统典籍，受传统文化熏陶甚深，形成其文化底蕴。他在翻译西学时，有意识地将之与中华文化相联系，以中国思想文化作为阐释西学的桥梁和媒介。在严复译著中，随处可见这类现象，非常有助于国人对西学的理解和接受。譬如《天演论·论性》中的案语：

赫胥黎：In the language of the Stoa，“Nature” was a word of many meanings. There was the “Nature” of the cosmos and the “Nature” of man. In the latter，the animal “Nature", which man shares with a moiety of the living part of the cosmos, was distinguished from a higher "nature". Even in this higher nature there were grades of rank. The logical faculty is an instrument which may be turned to account for any purpose. The passions and the emotions are so closely tied to the lower nature that they may be considered to be pathological, rather than normal, phenomena. The one supreme, hegemonic, faculty, which constitutes the essential "nature" of man, is most nearly represented by that which, in the language of a later philosophy, has been called the pure reason. It is this "nature" which holds up the supreme good and demands absolute submission of the will to its behests. It is which commands all men to love one another, to return good for evil, to regard one another as fellow-citizens of one great state. Indeed, seeing that the progress towards perfection of a civilized state, or polity, depends on the obedience of its members to these commands, the Stoics sometimes termed the pure reason the "political" nature.

复案：此篇之说，与宋儒之言性同。宋儒言天，常分理气为两物。程子有所谓气质之性，气质之性，即告子所谓生之谓性，荀子所谓恶之性也。大抵儒先言性，专指气而言则恶之，专指理而言则善之，合理气而言者则相近之，善恶混之，三品之，其不同如此。然惟天降衷有恒矣，而亦生民有欲，二者皆天之所为。古"性"之义通"生"，三家之说，均非无所明之论。朱子主理居气先之说，然无气又何从见理？赫胥黎氏以理属人治，以气属天行，此亦自显诸用者言之。若自本体而言，亦不能外天而言理也，与宋儒言性诸说参观可耳。[1]

严复旁征博引，以我国宋儒言性之说来诠释赫胥黎的人性说，一下子拉近了与当时儒生的距离，这对西学东渐起到了一定作用。用中国哲人的思想来类比西方哲人的思想，这是严复的高明之处，正如周作人所说："在严译的《天演论》内，有吴汝纶所作的一篇很奇怪的序文，他不看重天演的思想，他以为西洋的赫胥黎未必及得中国的周秦诸子，只因严复用周秦诸子的笔法译出，因文近乎'道'，所以思想也就近乎'道'了。如此《天演论》是因为译文而才有了价值。"[2]

从此篇案语还可以看出，严复对中西文化的认知已达一定高度，他认为中西文化可相通互鉴。基于这一认识，他以中学诠释西学，以西学贯通中学。在《译〈天演论〉自序》中，他说："近二百年，欧洲学术之盛，远迈古初，其所得以为名理、公例者，在在见极，不可复摇。顾吾古人之所得，往往先之，此非傅会扬己之言也，……必谓彼之所明，皆吾中土所前有，甚者或谓其学皆得于东来，则又不关事实，适用自蔽之说也。夫古人发其端，而后人莫能竟其绪；古人拟其大，而后人未能议其精，则犹之不学无术未化之民而已。祖父虽圣，何救子孙之童昏也哉！大抵古书难读，中国为尤。二千年来，士徇利禄，守阙残，无独辟之虑。是以生今日者，乃转于西学，得识古之用焉。此可与知者道，难与不知者言也。"[3] 综观我国翻译史，能做到中西学融会贯通的可谓鲜矣，严复就是其中之一。

---

① ［英］托马斯·赫胥黎著，严复译：《天演论》，第126～127、196页。

② 周作人：《中国新文学的源流》，上海：华东师范大学出版社，1995年，第48～49页。

③ ［英］托马斯·赫胥黎著，严复译：《天演论》，第11页。

第二节 西学素养

鸦片战争后，中华民族处在最危险的关头；西学东渐，有识之士开始向西方学习。严复受派留学于英国期间，涉猎了许多西方近现代政治学术理论著作，广泛接纳了西方先进的资产阶级哲学思想，为后来的翻译工作打下了基础。

当时的中国，处处弥漫着“中学为体，西学为用”的风气，如洋务派思想家张之洞在《劝学篇·设学》中提出“旧学为体，新学为用”的主张，梁启超也有“夫中学体也，西学用也，二者相需，缺一不可”的经典言论。对此，严复不以为然，他在《译〈天演论〉自序》中说：“风气渐通，士知弇陋为耻，西学之事，问途日多。然亦有一二巨子，訑然谓彼之所精，不外象、数、形下之末；彼之所务，不越功利之间。逞臆为谈，不咨其实。讨论国闻，审敌自镜之道，又断断乎不如是也。”[①] 严复对待西学，不是一味地接纳，而是有批判性的吸收。他主张“体用一致”的原则，认为“中学有中学之体用，西学有西学之体用，分之则并立，合之则两亡”。因此，对于西学，不仅要学习其自然科学，也要学习其社会政治学说，如此才能全面地了解西方社会，为我所用。

严复在翻译过程中，常会添加案语，这些案语是他对这段原著的诠释。譬如：

> **亚当·斯密：** There is in every society or neighborhood an ordinary or average rate, both of wages and profit, in every different employment of labor and stock. This rate is naturally regulated, as I shall show hereafter, partly by the

---

① ［英］托马斯·赫胥黎著，严复译：《天演论》，第 11 页。

general circumstances of the society, their riches or poverty, their advancing, stationary, or declining condition, and partly by the particular nature of each employment.

There is likewise in every society or neighborhood an ordinary or average rate of rent, which is regulated, too, as I shall show hereafter, partly by the general circumstances of the society or neighborhood in which the land is situated, and partly by the natural or improved fertility of the land.

These ordinary or average rates may be called the natural rates of wages, profit and rent, at the time and place in which they commonly prevail.

When the price of any commodity is neither more nor less than what is sufficient to pay the rent of the land, the wages of the labor, and the profits of the stock employed in raising, preparing, and bringing it to market, according to their natural rates, the commodity is then sold for what may be called its natural price.

案：古之均输平准常平诸法，所欲求而一之者，皆此所谓平价者也。如《汉书·食货志》载莽令诸司市，常以四时中月实定所掌，为物上中下之贾，各自用为其市平，毋拘它所。众民卖买物周民用而不仇者，均官有以考检其实，以本贾取之，毋令折钱；物卬贵过平一钱，以平贾卖与民，氐贱减平，听自相市，以防贵庾者。其求平价之术，不知通三月之市价而取其平乎，抑会三物常率而为之也。惟其所谓本贾，则合三而成者耳。[①]

① ［英］亚当·斯密著，严复译：《国富论》，上海：世界图书出版公司，2015年，第71、78页。此书严复翻译时，书名译为“原富”。

亚当·斯密这段论述货物时价变化的文字，若照字面意思直译，国人不一定看得懂，严复加案语诠释，令人一目了然。从严复的这段案语可以看出，他不但熟悉西方经济学说，而且善于用中国古代经济制度予以对照，具有鲜明的现实意义。

此外，读者若稍微留心一下严复的译文，不难发现，严复在翻译时总会随时辨析与译文相关的西方哲学家思想的异同，譬如：

> 复案：物竞、天择二义，发于英人达尔文。达著《物种由来》一书，以考论世间动植物类所以繁殊之故。先是言生理者，皆主异物分造之说。近今百年格物诸家，稍疑古说之不可通，如法人兰麻克（笔者按：今通译拉马克。下同）、爵弗来（今通译若弗鲁瓦），德人方拔（今通译冯·巴哈）、万俾尔（今通译冯·贝尔），英人威里士（今通译威廉·威尔斯）、格兰特、斯宾塞尔（今通译斯宾塞）、倭恩（今通译欧文）、赫胥黎，皆生学名家，先后间出，目治手营，穷探审论，知有生之物，始于同，终于异，造物立其一本，以大力运之。而万类之所以底于如是者，咸其自己而已，无所谓创造者也。然其说未大行也，至咸丰九年，达氏书出，众论翕然。自兹厥后，欧、美二洲治生学者，大抵宗达氏。而矿事日辟，掘地开山，多得古禽兽遗蜕，其种已灭，为今所无。于是虫鱼禽互兽人之间，衔接迤演之物，日以渐密，而达氏之言乃愈有征。故赫胥黎谓，古者以大地为静居天中，而日月星辰，拱绕周流，以地为主；自歌白尼（今通译哥白尼）出，乃知地本行星，系日而运。古者以人类为首出庶物，肖天而生，与万物绝异；自达尔文出，知人为天演中一境，且演且进，来者方将，而教宗抟土之说，必不可信。盖自有歌白尼而后天学明，亦自有达尔文而后生理确也。斯宾塞尔者，与达同时，亦本天演著《天人会通论》，举天、地、人、形

气、心性、动植之事而一贯之，其说尤为精辟宏富。①

在这段案语中，严复广泛罗列多位西方著名哲学家、科学家论“天演”的观点，精炼系统地概括了西方生物学界关于物种起源及进化学说的发展进程，并以哥白尼“日心说”类比达尔文《物种起源》一书的科学史意义，可谓要言不烦。令人为他深厚的西学素养而景仰不已。

蔡元培先生曾感叹说：“五十年介绍西洋哲学的，要推侯官严复为第一。”胡适先生也说：“严复是介绍近世思想的第一人。”毋庸置疑，深入了解西方社会文化，是译好西学名著的基础。严复译著行而致远，与其深厚的西学素养有关。梁启超先生曾说：“西洋留学生与本国思想界发生关系者，（严）复其首也。”备极赞誉，也可见严复在当时学术界、思想界影响之大，功绩之深。

第三节　语言功底

所谓翻译，就是将一种语言转换为另一种语言。两种语言转换得好不好，与译者驾驭语言的能力有关，有人将这种能力称作“翻译基本功”。

在英国留学期间，严复的英语得到了长足进步。他曾当过驻英大使郭嵩焘的兼职翻译，一有外事活动，郭嵩焘就会邀请严复随同前往。郭嵩焘还在日记中说，严复的英语水平可“胜过译员”。这种翻译实践，是严复提高英语水平的难得机会。

1904 年 12 月，严复随开平矿务局总办张翼赴伦敦办理开平煤矿一案。在严复的帮助下，1905 年 3 月伦敦高等法院判决张翼胜诉。这一事件表明，严复不但英语水平高，而且法律知识也很渊博。

---

① ［英］托马斯·赫胥黎著，严复译：《天演论》，第 60～61 页。

就汉语而言，严复也是古文大家之一。吴汝纶在《天演论序》中写道："自吾国之译西书，未有能及严子者也。……严子一文之，而其书乃骎骎与晚周诸子相上下。"[①] 胡适也有同样的看法，他说："严复的译本在古文学史上也应该占有一个很高的位置。"[②] 当我们打开严复译著时，鲜有不为他那优美的古文所倾倒。如：

人或认假，信以为真。是故比拟，究易失误。由似求似，常非断然。试为举之。乡间小儿，食椹而甘。出游林中，见相似者，采而食之。不料有毒，或至致死。菌之毒者，西名蟾厕。人或煮食，误谓香蕈。故欲别采，须人指示。晋史蔡谟，蟛蜞作蟹，二螯八跪，形似性非。误取食之，遂致狼狈。凡此皆用比拟之术而得误者。此种别识，不独人能，鸟兽下生，固常为此。受击之狗，见杖而逃。汝若伏地，彼谓拾石，将以掷之。即使无石，亦疾驰去。孽雁惊弓，至于自陨。山鸾舞镜，以影为雄。对之悲鸣，至于气绝。比拟之误，如是如是。[③]

全段用四言句式翻译，文字雍容大雅，音调铿锵，读起来朗朗上口，令人如入诗境。这就是严复古文的魅力。

文章语言优雅，能带给读者好的感受。严复的古文，在我国近代文学史上占有重要的一席。例如，严译约翰·穆勒的《群己权界论》中就有这么一段佳译：

穆勒：It will be convenient for the argument if, instead of at once entering upon the general thesis, we confine ourselves in the first instance, to a single branch of it, on which the principle here stated is, if not fully, yet to a certain

---

① ［英］托马斯·赫胥黎著，严复译：《天演论》，第 8～9 页。

② 胡适著，姜义华主编：《胡适学术文集（新文学运动卷）》，北京：中华书局，1993 年，第 108 页。

③ ［英］耶方斯著，严复译：《名学浅说》，北京：商务印书馆，1981 年，第 96 页。

point, recognized by the current opinions. This one branch is the Liberty of Thought, from which it is impossible to separate the cognate liberty of speaking and of writing. Although these liberties, to some considerable amount, form part of the political morality of all countries which profess religious toleration and free institutions, the grounds, both philosophical and practical, on which they rest are perhaps not so familiar to the general mind, nor so thoroughly appreciated by many even of the leaders of opinion, as might have been expected. Those grounds, when rightly understood, are of much wider application than to only one division of the subject, and a thorough consideration of this part of the question will be found the best introduction to the remainder. Those to whom nothing which I am about to say will be new, therefore, I hope, excuse me if, on a subject which for now three centuries has been so often discussed, I venture on one discussion more.

严译：将欲语之详而辨之精也，与其统自繇之全义而论之，莫若先致其一曲，将见是所言者，实犁然有当于人心，而非拂情背公之僻说也，则请先释意念自繇之义，且由此而得言论著述刊布之自繇。此其大义，虽久为文明诸国所循守，如宗教相容，民权代表诸事，间有出入，未尝背驰。然其义所据之本原，发于天明，抑由利用？则其理奥，非常俗所尽知。即使知之，亦未必悉如其所蟠际者。使不佞于第一义，能使读者深喻笃信其所以然，则后篇所言，皆可得之于言外。此谓攻其中坚，而首尾自应者也。假令所发挥之说，为读者所餍闻饫知者乎？则三百年以来，贤哲所屡辨不一辨者，得不佞之更为一辨，夫亦可告无罪者矣。[①]

这段译文采用分句译，再现了原文的风格，同时也顺应了国人的表达习惯。译文虽是古文，但隽永渊雅，不失原文之义，很值得一读。

严复除古文造诣很深外，也是一位诗人，有《严几道诗文钞》和《瘉壄堂诗集》。深厚的诗学修养，使严复译诗不仅文笔优美，而且别有风格，譬如：

It may be that the gulfs will swash us down,
It may be we shall touch the Happy Isles,
... but something ere the end,
Some work of noble note may yet be done.
挂帆沧海，风波茫茫。
或沦无底，或达仙乡。
二者何择？将然未然。
时乎时乎！吾奋吾力。
不竦不戁，丈夫之必。[②]

这是英国诗人丁尼生（Tennyson）写的一首诗，讲的是“普天下有心人，共矢斯志”之哲理。原诗第一行与第四行的最后一个音节押韵。严复以四言诗体分五行十句译之，押韵与原诗不同，第二、四句押韵，八、十句押韵。全诗古朴浑成，颇具风骨，从中可见严复驾驭语言的能力之高。

语言功底的深浅，直接关系到翻译的成败，严复对语言表达十分讲究，自称“一名之立，旬月踟蹰”。这种行事态度，也是其作品行而致远的重要原因。

---

① ［英］约翰·穆勒著，严复译：《论自由》，上海：世界图书出版公司，2013年，第23、34页。此书严复翻译时，书名译为“群己权界论”。

② ［英］托马斯·赫胥黎著，严复译：《天演论》，第136、207页。

第四章 翻译思想

一般来说，一个人的行为往往受本人思想的制约或支配，翻译也不例外。一部受欢迎的作品，与作者或译者的思想不无关系，因作品的思想内容能使读者产生共鸣。所谓“翻译思想”，指的是翻译的指导思想，它因原著风格、译者国情、读者喜好等因素不同而有异，并非千篇一律。拿严复翻译的《天演论》来说，如不采用先秦文体，如不采取“换例译法”，不以晚周诸子、宋明理学的思想来阐释西学，恐怕此书就难以被当时的士大夫阶层所接受。

第一节 译事思路

严复译书的指导思想，他本人并没有留下太多的话。笔者根据自身的阅读体悟，认为严复的翻译思想是受自身“为民解忧，为国尽忠”精神所影响的。他选择译书的初衷，正如梁启超先生所说：“处今日之天下，则必以译书为强国第一义。”[①] 王佐良教授也持同样看法，他说：“在历史上，一个大的文化运动往往有一个翻译运动伴随或作为前驱。中国在 19、20 世纪之交酝酿着一个

---

① 梁启超著，周岚、常弘编：《饮冰室书话》，长春：时代文艺出版社，1998 年，第 478 页。

文化上的巨变，也有一个翻译运动应运而生。”①

正如两位先生所言，在新旧社会交替之际，严复乃至后来的译者，其译书活动并不是孤立于时代的，他们是怀着革新文化、改造社会的宏愿来从事翻译的。传播西方思想文化，正是严复译书目的之所在。透过严复译著的字里行间可知，严复的翻译思想基本上顺乎“译何书—为谁译—如何译”这条轨迹，并非无的放矢。

一、译何书

翻译的指导思想不同，译书选择亦不同。严复译书虽不多，但每一部均是精心选择的。译何书，取决于严复的翻译指导思想或用意，如贺麟先生所言：

> 他（严复）处在中学为体，西学为用的空气中，人人只知道西洋的声光化电、船坚炮利；且他自己又是海军人才，他不介绍造船制炮的技艺，和其他格致的书，乃能根本认定西洋各国之强盛，在于学术思想，认定中国当时之需要，也在学术思想。《天演论》序说：“风气渐通，士知弇陋为耻，而西学之事，问涂日多。然亦有一二巨子，訑然谓彼之所精，不外象数形下之末；彼之所务，不越功利之间，逞臆为谈，不咨其实。讨论国闻，审敌自镜之道，又断断乎不如是也。”又如他《原强》一文谓：“……其鸷悍长大，既胜我矣，而德慧术知，又为吾民所远不及。……其为事也，一一皆本诸学术；其为学术也，一一皆本于即物实测，层累阶级，以造于至精至大之涂。……苟求其故，则彼以自由为体，以民主为用。”这是他对于西洋文化的观察，也是他所以要介绍西洋学

① 王佐良：《严复的用心》，见商务印书馆编辑部编：《论严复与严译名著》，北京：商务印书馆，1982年，第22页。

术思想的卓识。[①]

由此可见，严复对译书的选择是有深意的，这点与同为翻译大家的林纾完全不同。林纾译书，最初是为了排遣丧偶之痛，其译著基本为域外小说，影响也主要在文学界。反观严复，译著虽不甚多，但都是西方资本主义思想的经典之作，所涉学科门类众多，内容极其丰富。其次，严复译书，都是服务于当时形势的需要。严复不以当时弥漫社会的"中体西用"思潮为然，认为西方之强盛，不独在科学技术之先进，中国所要学习西方者，也不应局限于声光化电器用之学，故此着意介绍西方政治经济等学术著作，第一次系统地为国人介绍了西人的思想、制度，可谓眼光深远、用意周密。

二、为谁译

为了在中国实现社会改良，严复首先考虑的是向当时的士大夫介绍西方思想，以借他们之力来推动中国社会的变革。为了能让这些士大夫更易于接受西方的先进思想，严复在译文的文体选择和语言锤炼上是下了功夫的。严复自己也承认，这些书是为士大夫们译的，他在《与梁任公论所译〈原富〉书》一文中写道：

> 窃以谓文辞者，载理想之羽翼，而以达情感之音声也。是故理之精者不能载以粗犷之词，而情之正者不可达以鄙倍之气。中国文之美者，莫若司马迁韩愈。而迁之言曰："其志洁者其称物芳。"愈之言曰："文无难易惟其是。"仆之于文，非务渊雅也，务其是耳。且执事既知文体变化与时代之文明程度为比例矣，而其论中国学术也，又谓战国隋唐为达于全盛而放大光明之世矣，则直用之文体，舍二代其又谁属焉？且文界复何革命之与有？持欧洲挽近世之文章，以与其古者

① 贺麟：《严复的翻译》。

较，其所进者在理想耳，在学术耳，其情感之高妙，且不能比肩乎古人；至于律令体制，直谓之无几微之异可也。若夫翻译之文体，其在中国，则诚有异于古所云者矣，佛氏之书是已。然必先为之律令名义，而后可以喻人。设今之译人，未为律令名义，闯然循西文之法而为之，读其书者乃悉解乎？殆不然矣。若徒为近俗之辞，以取便市井乡僻之不学，此于文界乃所谓陵迟，非革命也。且不佞之所从事者，学理邃赜之书也，非以饷学僮而望其受益也，吾译正以待多读中国古书之人。使其目未睹中国之古书，而欲稗贩吾译者，此其过在读者，而译者不任受责也。夫著译之业，何一非以播文明思想于国民？第其为之也，功候有深浅，境地有等差，不可混而一之也。慕藏山不朽之名誉，所不必也。苟然为之，言庞意纤，使其文之行于时，若蜉蝣旦暮之已化，此报馆之文章，亦大雅之所讳也。故曰：声之眇者不可同于众人之耳，形之美者不可混于世俗之目，辞之衍者不可回于庸夫之听。非不欲其喻诸人人也，势不可耳。①

从这段话中可以看出，第一，严复不认同梁启超提出的“文界革命”，他认为文以载理，对于精密深邃的西方近代学术，务必用成熟雅正的古文来表现。如贸然循用西文文法，或取平易近俗之语，非但不能令读者悉解文意，而且对文体亦为有害。第二，与梁启超“播文明思想于国民”不同的是，严复译书，是为了让“多读中国古书”的士绅能接触西方文化，而“学僮”等浅学之人则不在他的目标读者之中。正因秉持着这种精英主义的思想，严复必然以渊雅古奥的古文作为翻译的首选。由此可见，译书也要尊奉“读者至上”之理念。

① 严复：《与梁任公论所译〈原富〉书》，见罗新璋、陈应年编：《翻译论集（修订本）》，第207页。

三、如何译

关于如何译书，这里主要介绍严复译书的指导思想，具体方法下文将分章论述，此不详谈。概而言之，严复译书不拘泥于词句结构，而是借东西方哲人的思想去译原著作者的思想，以畅达原意，在此称之为“套译达旨”，这在我国翻译史上算是一种创新。譬如：

> 复案：此篇之理，与《易传》所谓乾坤之道鼓万物，而不与圣人同忧，《老子》所谓天地不仁，同一理解。老子所谓不仁，非不仁也，出乎仁不仁之数，而不可以仁论也。斯宾塞尔著天演公例，谓教学二宗，皆以不可思议为起点，即竺乾所谓不二法门者也。其言至为奥博，可与前论参观。①

在这段案语中，严复用我国的《周易》、《老子》之思想诠释赫胥黎的思想，在译坛上可谓独辟蹊径。

翻译是实现人与人之间心灵契合的桥梁，“套译达旨”只是严复采用的其中一种方法，另还有“文体达旨”和“引证达旨”，下文将分节介绍。根据字面意思直译，表面上看虽是“信”，但有时却会影响到“达旨”的效果，这也是严复采取“套译达旨”的理由所在。

第二节　文体达旨

向国人传播西方的先进思想，在中国实现社会改良的理想，这是严复翻译西方名著的目的所在。任何新生事物，任何新思想，如要让人接受，都要讲求适当的传授方式。“文体达旨”是严复翻

① ［英］托马斯·赫胥黎著，严复译：《天演论》，第 174 页。

译指导思想的重要组成部分，他用先秦古文而不用白话文来翻译，使当时的士大夫们更易于接受西方的先进思想。行事方式不同，效果亦不同，譬如：

赫胥黎：As no man fording a swift stream can dip his foot twice into the same water, so no man can, with exactness, affirm of anything in the sensible world that it is. As he utters the words, nay, as he thinks them, the predicate ceases to be applicable; the present has become the past; the "is" should be "was". And the more we learn of the nature of things, the more evident is it that what we call rest is only unperceived activity; that seeming peace is silent but strenuous battle. In every part, at every moment, the state of the cosmos is the expression of a transitory adjustment of contending forces; a scene, of strife, in which all the combatants fall in turn. What is true of each part, is true of the whole. Natural knowledge tends more and more to the conclusion that "all the choir of heaven and furniture of the earth" are the transitory forms of parcels of cosmic substance wending along the road of evolution, from nebulous potentiality, through endless growths of sun and planet and satellite; through all varieties of matter; through infinite diversities of life and though; possibly, through modes of being of which we neither have a conception, nor are competent to form any, back to the indefinable latency from which they arose. Thus the most obvious attribute of the cosmos is its impermanence. It assumes the aspect not so much of a permanent entity as of a changeful process in which naught endures save the flow of

energy and the rational order which pervades it.

严译：譬诸濯足长流，抽足再入，已非前水，是混混者未尝待也。方云一事为今，其今已古。且精而核之，岂仅言之之时已哉，当其涉思，所谓今者，固已逝矣。今然后知静者未觉之动也，平者不喧之争也。群力交推，屈申相报，众流汇激，胜负迭乘，广宇悠宙之间，长此摩荡运行而已矣。天有和音，地有成器，显之为气为力，幽之为虑为神。物乌乎凭而有色相？心乌乎主而有觉知？将果有物焉，不可名，不可道，以为是变者根耶？抑各本自然，而不相系耶？自麦西希腊以来，民智之开，四千年于兹矣，而此事则长夜漫漫，不知何时旦也。①

任译：在急流中徒涉，无人能两次插足于同一水中；同样，在此感触世界中，无人能指示任何事物为确定。当他说话时，甚至当他思想时，他的指示动词已不适用；现在的时间已成过去；“正在”已成“曾经”了。我们对于事物的性质知道的愈多，愈觉得所谓静的只是未觉到的动；像是和平的，不过是无声而勇猛的战争。在每一部分，每一瞬间，世界的形态乃互争的力量暂时调协的表现；一个争斗的场面，参加的无不颠扑。凡在一部分是真的，在全体也是真。自然科学的知识愈进步，愈引导我们到一个结论，即上天下地一切现象，都不过是宇内质点在天演路上暂时的形式，从星云的潜势，经过无穷太阳、行星、卫星的生长；经过一切物质的变态；经过无限生命思想的纷纭；最后或者经过一种存在的法式，我们对之，当无任何观念，或竟不能成立任何观念；经过这些之后，复返回它所从来的不确定的潜势。这样，宇宙最明显的特性，即是它的不常住。它所显示的不是永恒的整

① ［英］托马斯·赫胥黎著，严复译：《天演论》，第164页。

体，而是变动的过程，在这过程中间，除了能量的流动与其弥满的合理秩序外，没有什么是永久的。①

赫胥黎在《天演论》中的这段话，严复用先秦古文翻译，任鸿隽先生于 1959 年用白话文翻译。相较之下，任译更为平易通俗，或许更能为今天的读者所接受，但如追溯到严复那个年代，任先生的译文在士绅中所产生的效果应该就不如严译。陈之展分析说："不过他（严复）在当日要灌输一班老先生一点西洋思想，便不得不用古雅的文章来译，叫他们看得起译本，因而看得起西学。"②

严复"文体达旨"的翻译思想，是想让当时的文人官绅改变顽固自大、不求长进的思想，知道怎样去讨论国闻、审敌自镜，《天演论》就是其中一例。鲁迅先生说："最好懂的自然是《天演论》，桐城气息十足，连字的平仄也都留心。摇头晃脑的读起来，真是音调铿锵，使人不自觉其头晕。这一点竟感动了桐城派老头子吴汝纶，不禁说是'足与周秦诸子相上下'了。"③ 尽管鲁迅意在批评严译过于艰深，却也不得不承认，正是因为严译采用古文，才使其能被士人群体所接受，并进而流传开来。

第三节 套译达旨

所谓"套译达旨"，就是用东西方哲人的思想来诠释原著所要

---

① 任鸿隽：《谈科学翻译问题——从严译〈天演论〉说起》，见罗新璋、陈应年编：《翻译论集（修订本）》，第 725 页。

② 陈之展：《近代翻译文学之变迁》，见罗新璋、陈应年编：《翻译论集（修订本）》，第 268～269 页。

③ 鲁迅：《鲁迅和瞿秋白关于翻译的通信》，见罗新璋、陈应年编：《翻译论集（修订本）》，第 345 页。

传达的思想，原则是不悖原著，这也是严复翻译的指导思想。“套译达旨”有利于中西文化的交融互鉴，也易于国人理解和学习。

综观严复译著，多数采用这一翻译思想，尤其《天演论》更为明显。譬如：

赫胥黎：Three or four years have elapsed since the state of nature, to which I have referred, was brought to an end, so far as a small patch of the soil is concerned, by the intervention of man. The patch was cut off from the rest by a wall; within the area thus protected, the native vegetation was, as far as possible, extirpated; while a colony of strange plants was imported and set down in its place. In short, it was made into a garden. At the present time, this artificially treated area presents an aspect extraordinarily different from that of so much of the land as remains in the state of nature, outside the wall. Trees, shrubs, and herbs, many of them appertaining to the state of nature of remote parts of the globe, abound and flourish. Moreover, considerable quantities of vegetables, fruits, and flowers are produced, of kinds which neither now exist, nor have ever existed, except under conditions such as obtain in the garden; and which, therefore, are as much works of the art of man as the frames and glasshouses in which some of them are raised. That the "state of Art", thus created in the state of nature by man, is sustained by and dependent on him, would at once become apparent, if the watchful supervision of the gardener were withdrawn, and the antagonistic influences of the general cosmic process were no longer sedulously warded off, or counteracted.

复案：斯宾塞尔之天演界说曰："天演者，翕以聚质，辟以散力。方其用事也，物由纯而之杂，由流而之凝，由浑而之画，质力杂糅，相剂为变者也。"又为论数十万言，以释此界之例，其文繁衍奥博，不可猝译，今就所忆者杂取而粗明之，不能细也。其所谓翕以聚质者，即如日局太始，乃为星气，名涅菩剌斯，布濩六合，其质点本热至大，其抵力亦多，过于吸力，继乃由通吸力收摄成殊，太阳居中，八纬外绕，各各聚质，如今是也。所谓辟以散力者，质聚而为热，为光，为声，为动，未有不耗本力者。此所以今日不如古日之热，地球则日缩，彗星则渐迟，八纬之周天皆日缓，久将进入而与太阳合体。又地入流星轨中，则见陨石。然则居今之时，日局不徒散力，即合质之事，亦方未艾也。余如动植之长，国种之成，虽为物悬殊，皆循此例矣。所谓由纯之杂者，万物皆始于简易，终于错综。日局始乃一气，地球本为流质，动植类胚胎萌芽，分官最简。国种之始，无尊卑、上下、君子小人之分，亦无通力合作之事。其演弥浅，其质点弥纯，至于深演之秋，官物大备，则事莫有同，而互相为用焉。所谓由流之凝者，盖流者非他，由质点内力甚多，未散故耳。动植始皆柔滑，终乃坚强；草昧之民，类多游牧，城邑土著，文治乃兴，胥此理也。所谓由浑之画者，浑者芜而不精之谓，画则有定体而界域分明。盖纯而流者未尝不浑。而杂而凝者，又未必皆画也。且专言由纯之杂，由流之凝，而不言由浑之画，则凡物之病且乱者，如刘、柳元气败为痈痔之说，将亦可名天演。①

赫胥黎这段文字，阐述天演说的主要观点，认为生物界乃至

① ［英］托马斯·赫胥黎著，严复译：《天演论》，第21、63页。

区同时产生的一批重要的思想家为证。

若想旁征博引，非博览群书之人莫属。严复当时处于清廷闭关锁国的大环境下，国人对西方国家的了解极为有限，故他译西学更需广引佐证，甚至融入自己的见解，这有助于读者理解，亦有利于西学的传播。但有人因此也认为，严复的译著是以“作”代“译”，这是纯粹用翻译的标准去限定严复。当然，这种方法也应视需要而定，如：

亚当·斯密：Different metals have been made use of by different nations for this purpose. Iron was the common instrument of commerce among the ancient Spartans, copper among the ancient Romans, and gold and silver among all rich and commercial nations.

严译：古今所用为易中者，贵贱诸金皆有之。希腊之斯巴丹以铁，罗马以铜，印度以银，今欧洲各国则金银并用。

案：中国古者皮币，诸侯以聘享。金有三等，黄金为上，白金为中，赤金为下，是三品并用，与今英法诸国同也。至秦并天下，币二等。黄金以溢为名，上币；铜钱文曰半两，重如其文，下币。而珠玉、龟贝、银锡之属，为器饰宝藏不为币，是金铜并用也。汉兴，以秦钱重难用，乃更铸荚钱，降而为五铢。后代所用，大抵损益五铢汉钱，号为圜法，而齐布秦刀诸品微矣，黄白二金，亦无范以为圜法者。[①]

上面这段案语，概括地介绍了中国钱币的使用历史，以论证“古今所用为易中者，贵贱诸金皆有之”之说，同时也便于国人了解中西方钱币的类型与用途，并非画蛇添足。严复的同窗萨镇冰曾说：“他能够在译文中信笔驰骋，丝毫不拘泥于原文的结构，并写出案语，旁征曲引，和原作者的旨趣相发明，有些案语本身便

---

① ［英］亚当·斯密著，严复译：《国富论》，第29、34页。

是极好的文章。一个从事翻译的人有这样深厚的素养，是不多见的。”[①] 可见，严复的案语是为译文内容而服务的，绝非可有可无的文字。

本章介绍了严复“文体达旨、套译达旨、引证达旨”的翻译指导思想，笔者将之概括为“三达旨”翻译思想，它是中西方文化交融的产物，对我国当下的翻译工作具有启示意义和借鉴价值。

① 戴镏龄：《记萨镇冰谈严复的翻译》，《中国翻译》1985 年第 8 期。

第五章　翻译三观

严复的翻译三观主要是指宏观等值观、变通处理观、知识产权观。如用我国传统文化来诠释，宏观等值观好比“求大同，不计小节”，变通处理观犹如“办事合乎理义”，知识产权观如同“师出以律”。

一个人在翻译事业上能否有所建树，与正确的翻译观有很大关系。若对知识产权的观念淡薄，译者不仅可能损失经济利益，也会使劳动成果付之东流。所以，严复的“翻译三观”对翻译工作者来说很有裨益。

第一节　宏观等值观

美国著名语言学家尤金·奈达（Eugene A. Nida）在20世纪60年代提出了“等值翻译理论”，他主张译文读者的反应，即译文产生的效果，应与原文读者的反应，即原文产生的效果，两者基本一致。这一理论与严复的宏观等值翻译观不谋而合。

严复在《天演论·译例言》中说：“译文取明深义，故词句之间，时有所颠倒附益，不斤斤于字比句次，而意义则不倍本文。

题曰达旨，不云笔译，取便发挥，实非正法。”[1] 严复所讲的“取明深义”，就是“求大同”，即保证译文的整体内容合乎原文，而不求微观的字句对等，这是严复处理翻译问题所秉持的重要观点。如：

亚当·斯密：In that rude state of society which precedes the extension of commerce and the improvement of manufactures; when those expensive luxuries, which commerce and manufactures can alone introduce, are altogether unknown; the person who possesses a large revenue, I have endeavored to show in the third book of this Inquiry, can spend or enjoy that revenue in no other way than by maintaining nearly as many people as it can maintain. A large revenue may at all times be said to consist in the command of a large quantity of the necessaries of life. In that rude state of things, it is commonly paid in a large quantity of those necessaries, in the materials of plain food and coarse clothing, in corn and cattle, in wool and raw hides. When neither commerce nor manufactures furnish anything for which the owner can exchange the greater part of those materials which are over and above his own consumption, he can do nothing with the surplus, but feed and clothe nearly as many people as it will feed and clothe. A hospitality in which there is no luxury, and a liberality in which there is no ostentation, occasion, in this situation of things, the principal expenses of the rich and the great.

严译：当夫一国治化草昧，商不出境而工不修术也，民

① ［英］托马斯·赫胥黎著，严复译：《天演论》，第13页。

不见异物而市无华巧可贵之货，于此之时，使其人岁入浩衍，则所以视其富溢者，舍广畜从徒而外，无他道也。夫所谓多财者非他，其奉生之资崇侈有余已耳。而际商啬工陋之世，此奉生之资者，舍布帛菽粟稼穑牛羊羽毛皮革而外，又无物也。商之所通，工之所造，皆块然至粗，彼多资之子虽欲斥积畜以易珍贵之物而无从。则自雄为夸耀者，不出推解以衣食穷乏，尽其量而后已者，乌从出耶？故是时，惠而不靡，丰而不华，凡所谓富贵之家，尽如此矣。①

对照亚当·斯密原文和严复译文，可发现两者虽意思出入不大，但并非逐字逐句地进行对译，译文丝毫没有流露出经过翻译的痕迹。另外，严复在《原富·译事例言》中也说：

是译与《天演论》不同，下笔之顷，虽于全节文理不能不融会贯通为之，然于辞义之间无所颠倒附益。独于首部篇十一《释租》之后，原书旁论四百年以来银市腾跌，文多繁赘而无关宏旨，则概括要义译之。②

“文多繁赘而无关宏旨，则概括要义译之”，严复这句话明确地告诉我们，对于原著中部分繁冗庞杂的内容，在不影响原文主旨的情况下，他只做概括性的翻译。他译的约翰·穆勒《群己权界论》一书，亦能反映他的宏观等值翻译观，如：

约翰·穆勒：The combination of all these causes forms so great a mass of influences hostile to individuality that it is not easy to see how it can stand its ground. It will do so with increasing difficulty, unless the intelligent part of the public can be made to feel its value—to see that it is good there

① ［英］亚当·斯密著，严复译：《国富论》，第1213、1253页。

② 严复：《〈原富〉译事例言》，见罗新璋、陈应年编：《翻译论集（修订本）》，第205页。

should be differences, even though not for the better, even though, as it may appear to them, some should be for the worse. If the claims of individuality are ever to be asserted, the time is now, while much still wants to complete the enforced assimilation. It is only in the earlier stages that any stand can be successfully made against the encroachment. The demand that all other people shall resemble ourselves grows by what it feeds on. If resistance waits till life is reduced nearly to one uniform type, all deviations from that type will come to be considered impious, immoral, even monstrous and contrary to nature. Mankind speedily becomes unable to conceive diversity, when they have been for some time unaccustomed to see it.

严译：合前论而观之，凡所以束一国以趋于同者，其为力之大如此。凡此皆使特操异撰，不足以自存，而与小己主义为敌者也。使世事一听其自趋，将浸假国中，无特立独行之民行，故不佞不能不深望于吾国之贤豪，知事理之深病于阳同，而公然为异之不可以一日已。夫异者固不必其皆愈也，乃即于同者逊，其义亦不可以不存，此制行自繇之所以大足尚也。夫制行不言自繇则亦已耳，言则以此时为最亟，盖社会劫制尚同之事，尚有未尽行者，至于尽行，斯无望已。是以二义争立，其弱者宜计于鲜。尚同之义，既以渐胜而日强，使俟其全胜而后谋所以矫之，彼且以立异者为蔑古，为荒经，为非圣无法，为拂人之性。惟人类少见则多怪，使一国百年之中，彼所目击者，皆从同而莫有异，则一旦见异，而惊为天地之大绞者，固其所耳。[1]

---

① ［英］约翰·穆勒著，严复译：《论自由》，第147、168页。

很显然，在约翰·穆勒写的这段文字里并没有出现“liberty”（自繇）这个词，而在译文中却有“自繇”二字。可见，这段文字不是直译，而是译出要义。从这里可了解严复的宏观等值翻译观，亦可看出他宏观把握的能力。

值得指出的是，并非一切翻译皆可操持宏观等值观，要视具体情况而定。倘若翻译的是法律文件、合同契约、标书、专利、合作协议等方面的文本，就不应操持宏观等值观，否则会招致不必要的麻烦。

第二节　变通处理观

中西文化间的差异，给翻译工作带来不少困难，尤其是“不可译”或“难表达”的文字，严复称之为“隔尘”。1902 年，他给《外交报》的信中就说：

> 吾闻学术之事，必求之初地而后得其真，自奋耳目心思之力，以得之于两间之见象者，上之上者也。其次则乞灵于简策之所流传，师友之所授业。然是二者，必资之其本用之文字无疑也。最下乃求之翻译，其隔尘弥多，其去真滋远。[①]

从这段话中可以看出，严复认为，翻译对于沟通中西文化的作用是有限的，况且有些概念在中西文中是不易找到对应词的。严复还在《群己权界论·译凡例》中借“自繇”一词的翻译，说明西语东译中的语言障碍问题。他说：

> 或谓：“旧翻自繇之西文 liberty 里勃而特，当翻公道，犹云事事公道而已。”此其说误也，谨案：里勃而特原古文作 libertas 里勃而达，乃自繇之神号，其字与常用之 freedom 伏

① 见《严复集》，第 561 页。

利当同义。伏利当者，无挂碍也，又与 slavery 奴隶、subjection 臣服、bondage 约束、necessity 必须等自为对义。人被囚拘，英语曰 to lose his liberty 失去自繇，不云失其公道也。释系狗，曰 set the dog at liberty 使狗自繇，不得言使狗公道也。公道西文自有专字，曰 justice 札思直斯。二者义虽相涉，然必不可混而一之也。西名东译，失者固多，独此天成，殆无以易。①

为了解决所谓“隔尘”问题，严复采取变通处理的方法，即译出要义。他所翻译的斯宾塞《群学肄言》一书中就有这样的例子。

斯宾塞：Almost every autumn may be heard the remark that a hard winter is coming, for that the hips and haws are abundant: the implied belief being that God, intending to send much frost and snow, has provided a large store of food for the birds. Interpretations of his kind, tacit or avowed, prevail widely. Not many hearing, that the swarm of lady-birds which overspread the country some summers ago, had been providentially designed to save the crop of hops from the destroying aphides. Of course this theory of the divine government here applied to occurrences bearing but indirectly, if at all, on human welfare, is applied with still greater confidence to occurrences that directly affect us, individually and socially. It is a theory carried out with logical consistency by the Methodist who, before going on a journey or removing to another house, opens his Bible, and in the first passage his eye rests upon, finds an intimation of approval or disapproval

① ［英］约翰·穆勒著，严复译：《论自由》，第 2 页。

from heaven. And in its political applications it yields such appropriate beliefs as that the welfare of England in comparison with Continental States, has been a reward for better observance of the Sunday, or that an invasion of cholera was consequent on the omission of Dei gratia from an issue of coins.

严译：岁季秋行田野间，辄闻农人指相告曰："岁云暮矣，今冬必奇寒，何处处棘实之多耶?"其意盖谓天心至仁，隆冬洊至，则先为群鸟养羞。又记数夏以往，英北部多鹪鹩小鸟，有友语我："岁方有蜚，而此鸟食蜚，天相下民，有其害即有其救害者。"又美以美教会人，将有远行，抑将徙宅，辄披二约，取目击之文，以卜天意之向背。俗又谓"英伦盛富，即以吾人守安息日之诫，谨于他邦，乃克臻此"。又某年鼠疫流行，则谓"此因泉局造币，沙汰旧有天恩二文，用遘斯罚。"诸如此说，触事有闻，盖阴骘下民之说，其入于人心者深矣。[①]

斯宾塞的这段话，其中有"God"（上帝）、"Bible"（圣经）、"Sunday"（星期日）和"Dei gratia"（靠上帝恩典）四个词，并不是不可译，但由于存在中西文化上的所谓"隔尘"，属于"难表达"的类型。中国人历来视"天"为大，而西方人信奉上帝和耶稣，这是文化差异所在。在严复看来，译文是给国人看的，不如将"God"和"Dei gratia"译为"天心"和"天恩"，将"Sunday"译为"安息日"，更易使国人理解。这样变通处理，合乎中西文化之理义，也拉近了斯宾塞与读者的距离。

严复译书，善于用中华文化来解释西方文化中的一些观念，

---

① ［英］赫伯特·斯宾塞著，严复译：《社会学研究》，上海：世界图书出版公司，2012年，第36、57页。此书严复翻译时，书名译为"群学肄言"。

以《天演论》中的一段话为例：

赫胥黎：It may be likened to the ascent and descent of a slung stone, or the course of an arrow along its trajectory. Or we may say that the living energy takes first an upward and then a downward road. Or it may seem preferable to compare the expansion of the germ into the full-grown plant, to the unfolding of a fan, or to the rolling forth and widening of a stream; and thus to arrive at the conception of "development", or "evolution". Here, as elsewhere, names are "noise and smoke"; the important point is to have a clear and adequate conception of the fact signified by a name. And, in this case, the fact is the Sisyphean process, in the course of which, the living and growing plant passes from the relative simplicity and latent potentiality of the seed to the epiphany of a highly differentiated type, thence to fall back to simplicity and potentiality.

严译：今夫易道周流，耗息迭用，所谓万物一圈者，无往而不遇也。不见小儿抛堶者乎？过空成道，势若垂弓，是名抛物曲线。从其渊而平分之，前半扬而上行，后半陁而下趋。此以象生理之从虚而息，由息乃盈，从盈得消，由消反虚。故天演者如网如箑。又如江流然，始滥觞于昆仑，出梁益，下荆扬，洋洋浩浩，趋而归海，而兴云致雨，则又反宗。始以易简，伏变化之机，命之曰储能。①

赫胥黎原文借植物的萌蘖、成长以至孕育新种，说明生物演进之理，而严译则易之以生理之消息盈虚的规律。消息盈虚本是传统文化观念，《周易·剥卦·彖传》称："君子尚消息盈虚，天

① ［英］托马斯·赫胥黎著，严复译：《天演论》，第106、163页。

行也。”提示了大自然盛衰互转的运行哲理。严复在译文中化用此说，不仅妥帖，而且文字雅驯，相信易于国人理解赫胥黎所说之理。

综观严复译著可看出，他是基于消除中西文化差异，沟通中西文化观念的目的来对译文做变通处理的，这在中国翻译史上算是一大创新。但也正因如此，严复译著招致了不少批评，被认为是以“作”代“译”，有悖原作。

第三节 知识产权观

众所周知，著作权、版权属于知识产权范畴。严复在当时就知道保护知识产权的重要性，他在与张元济的通信中，要求商务印书馆与他订立翻译稿酬或版税合同，以保护译书人的合法权益，这在当时是一项很有胆识的举措。他的意见得到张元济先生的肯定和采纳。1900 年 2 月，他在给张元济的信中写道：

> 仆尚有鄙情奉商左右者，则以谓此稿既经公学弍千金购印，则成书后自为公学之产，销售利益应悉公学得之；但念译者颇费苦心，不知他日出售，能否于书价之中坐抽几分，以为著书者永远之利益。此于鄙人所关尚浅，而于后此译人所劝者大，亦郭隗千金市骨之意也。①

严复在信中表明，译著版税也应分成，这并非是为自己一人计，而是为以后的译者谋利益。1901 年 8 月 6 日，他又写信给张元济，信中说：

> 科举改弦，译纂方始，南北各局执笔之士甚多。分以销售利益，庶有以泯其作嫁为他之蹇责，而动以洛阳纸贵之可

① 见《严复集》，第 538 页。

欣求，达难显之情，期读者之皆喻；则此举不独使译家风气日上，而求所译之有用与治彼学者之日多，皆可于此寓其微权。……

一、（销售之利）可限以年数。外国著书，专利版权本有年限，或五十年，或三十年；今此书译者分利，得二十年足矣。二、二成分利，如嫌过多，十年之后尚可递减；如前十年二成，后十年一成，亦无不可。……

译者于执笔之顷而有计利省力之情，则其书已可见矣；姑无论其不能而强为也。所以外国最恶龙［垄］断，而独于著书之版权、成器之专利，持之甚谨；非不知其私也，不如是，则无以奖劝能者，而其国之所失必滋多。[①]

严复认为，版税分成对出版商、译者都有利，双方的利益均可得到保护，并且还提出了具体的分成方法。

值得一提的是，严复是很有现代经济头脑的人。他与张元济虽是好朋友，但在与商务印书馆商谈稿费时，丁是丁，卯是卯，坚持要求商务印书馆与他就译书稿酬订立书面合同，避免以后因为人事变动而引起不必要的纠纷。[②]

此外，严复还积极向上陈述自己的意见，得到有关方面的响应，正如刘玉一先生所说：

1903 年 4 月，严复又上书给当时的学部大臣张百熙，直陈版权立法保护作者的经济和精神权利的必要。严复从著译者本人的精神、经济以及对国家长远发展方面阐述了版权保护的重要性。从精神上来说，著译者劳心劳力，理应得到重视与保护；从经济上说，得到物质奖励的同时，也可以免去著译者的后顾之忧；从国家长远发展的角度来说，著译新书

① 见《严复集》，第 545 页。

② 王敏：《严复的私人生活》，《档案与史学》2003 年第 5 期。

是开启民智，强盛教育的前提，如果著译者因为权利得不到保护而放弃这一工作，那么，对国民教育和国家未来发展都将是严重的阻碍。①

1910年，中国第一部著作权法《大清著作条例》问世。这一事件表明，清廷对严复的意见还是重视的。有了这部著作权法，中国知识分子的劳动成果和经济利益得到了保护。严复直陈版权立法，这种“敢为天下先”的精神，值得后人敬仰。

严复自制的版权印花②

为了保护自己的著作权益，从《群学肄言》出版开始，严复就将自制的著作权印花贴在自己的译著上。这种致力于保护译者知识产权的法律意识，具有超越时代的意义，极为难能可贵。

① 刘玉一：《从〈原富〉看严复的版权思想》，《编辑之友》2001年第2期。

② 引自皮后锋：《严复大传》，第253页。

第六章　翻译三原则

笔者研读严复译著，对其翻译原则有所体悟，将之归纳为“取舍有度、洋为中用、读者至上”三点。严复的翻译三原则非常贴近国人的行事理念。

第一节　取舍有度

所谓“取舍有度”，就是对于原著内容的取舍要有法度，能译则译，不必译则不译，只求“宏观达旨”便可。东西方文化迥殊，对于不适合本国国情或文化理念的内容，不一定非要翻译过来不可，否则会产生不良影响。所以，作为译者，应灵活地掌握取舍有度的原则，以免不必要的麻烦。值得指出的是，取舍有度并非背离“信”这一翻译标准。

通过比对《天演论》原著与严复译文，便可发现严复译的只是其中一部分，并非全部。如何掌握取舍的度，主要取决于翻译目的，如：

赫胥黎：It may be safely assumed that, two thousand years ago, before Caesar set foot in southern Britain, the whole country-side visible from the windows of the room in which I write, was in what is called "the state of nature". Except, it may be, by raising a few sepulchral mounds, such as those which still, here and there, break the flowing contours of the downs, man's hands had made no mark upon it; and the thin veil of vegetation which overspread the broad-backed heights and the shelving sides of the coombs was unaffected by his industry. The native grasses and weeds, the scattered patches of gorse, contended with one another for the possession of the scanty surface soil; they fought against the droughts of summer, the frosts of winter, and the furious gales which swept, with unbroken force, now from the Atlantic, and now from the North Sea, at all times of the year; they filled up, as they best might, the gaps made in their ranks by all sorts of underground and over ground animal ravagers. One year with another, an average population, the floating balance of the unceasing struggle for existence among the indigenous plants, maintained itself. It is as little to be doubted, that an essentially similar state of nature prevailed, in this region, for many thousand years before the coming of Caesar; and there is no assignable reason for denying that it might continue to exist through an equally prolonged futurity, except for the intervention of man.

严译：赫胥黎独处一室之中，在英伦之南，背山而面野。槛外诸境，历历如在几下。乃悬想二千年前，当罗马大将恺彻未到时，此间有何景物。计惟有天造草昧，人功未施，其借征人境者，不过几处荒坟，散见坡陀起伏间。而灌木丛林，蒙茸山麓，未经删治如今者，则无疑也。怒生之草，交加之藤，势如争长相雄，各据一抔壤土，夏与畏日争，冬与严霜争，四时之内，飘风怒吹，或西发西洋，或东起北海，旁午交扇，无时而息。上有鸟兽之践啄，下有蚁蝝之啮伤，憔悴孤虚，旋生旋灭，菀枯顷刻，莫可究详。是离离者亦各尽天能，以自存种族而已。数亩之内，战事炽然。强者后亡，弱者先绝，年年岁岁，偏有留遗，未知始自何年，更不知止于何代。①

赫胥黎原文写的是英国南部动植物、人类、自然环境的变化，严复翻译时有意做了取舍，目的是为了突出“物竞天择，适者生存”的理念。译文中“数亩之内，战事炽然。强者后亡，弱者先绝”这句话说的就是这个意思。倘若按字面直译，那译出的内容不过是赫胥黎为达尔文的“生物进化论”代言而已，其给人的震撼不能若是之深，其唤醒民众“救亡图存”的目的恐怕也会相应地削弱。往深层看，严复对原文的取舍是蕴含文化思想内涵的，如：

斯宾塞：Still there will recur the same plea under other forms. “Political conduct must be matter of compromise.” “We must adapt our measures to immediate exigencies, and cannot be deterred by remote considerations.” “The data for forming scientific judgments are not to be had: most of them are unrecorded, and those which are recorded are difficult to find as well as doubtful when found.” “Life is too short, and the demands upon our energies too great, to permit any such elaborate study as seems required. We must, therefore, guide ourselves by common sense as best we may.”

And then, behind the more scientifically-minded who

① ［英］托马斯·赫胥黎著，严复译：《天演论》，第15、50页。

give this answer, there are those who hold, tacitly or overtly, that guidance of the kind indicated is not possible, even after any amount of inquiry. They do not believe in any ascertainable order among social phenomena—there is no such thing as a social science.

严译：难者复曰："果如此则政乌乎行？向之为政也，亦仅就吾识力之所及，为相时而制宜焉，至于深追远溯穷流讨源，固未暇也。且砭愚治平之功，异乎格致，国群之大，不同名物，彼之实测易为功，此之求是难为力也。寿命易歇，民生多艰，万几当前，何暇问学？亦竭智殚谋，与时会相将迎而已。责之已甚，不其苛欤？是言也，察其微旨，无亦谓群虽有学，必不能如格物之精审，而内外籀因果相求诸术，无所于施，群之变化至蕃，即加讨论，未易得实。总之以谓群非科学云耳。"①

这里，斯宾塞的两段话，严复将之压缩为一段来译，在内容上做了删并。他善于将原作的文化思想内涵进行本土化处理，如"Life is too short, and the demands upon our energies too great"这句话，严复译为"寿命易歇，民生多艰"，很合乎国人的口味。

借此指出，"取舍有度"并不是漏译、逃译、不译，而是在一定规则下对原著内容的灵活处理。此外，基于翻译目的之需要，亦可引申增译，这样的例子在严复译著中也很多，如：

亚当·斯密：The nations that, according to the best authenticated history, appear to have been first civilized, were those that dwelt round the coast of the Mediterranean sea. That sea, by far the greatest inlet that is known in the world, having no tides, nor consequently any waves, except such as

① ［英］赫伯特·斯宾塞著，严复译：《社会学研究》，第24、35页。

are caused by the wind only, was, by the smoothness of its surface, as well as by the multitude of its islands, and the proximity of its neighboring shores, extremely favorable to the infant navigation of the world; when, from their ignorance of the compass, men were afraid to quit the view of the coast, and from the imperfection of the art of ship-building, to abandon themselves to the boisterous waves of the ocean. To pass beyond the pillars of Hercules, that is, to sail out of the Strait of Gibraltar, was, in the ancient world, long considered as a most wonderful and dangerous exploit of navigation. It was late before even the Phoenicians and Carthaginians, the most skilful navigators and ship-builders of those old times, attempted it; and they were, for a long time, the only nations that did attempt it.

严译：考之于史，尤可知矣。欧洲治化始于地中海之四周。天下水入地深者，莫此海若，不通潮汐，舍风所鼓，别无巨浪，小大诸岛，棋布星罗，故水恬而多可泊。初民舟制不坚，不识磁铁之用，于此海是宜。去岸过远，目不见山，则惮而不敢试。芝伯罗塔者，地中海出大西洋之门户也，大秦之人谓曰巨灵之峡，过此以西，动色相戒。涉者独非尼加、加达几尼亚二部之民，垂千余年，余国之民，莫有出者。[①]

斯密用生动的语言描述了地中海周围诸岛的地理环境，译文有增有减，取舍得当，尤其引申增译了“大秦之人谓曰巨灵之峡”这句话，更是令人犹如亲临其境一般。

① ［英］亚当·斯密著，严复译：《国富论》，第24、27页。

第二节 洋为中用

严复学贯中西，是第一批“放眼看世界”的中国人。在西学东渐的时代，“鼓民力、开民智、新民德”是严复一生矢志不渝的信念。严复学的是海军，把西方的技术介绍给国人，本是他的强项。但是他却反其道而行之，积极推介西方哲人的思想，这是因为他认为救亡图存应从改造国人的思想入手，输入西方先进思想为国人所用，方能自强保种。正如他说：

> 夫士生今日，不睹西洋富强之效者，无目者也。谓不讲富强，而中国自可以安；谓不用西洋之术，而富强自可致；谓用西洋之术，无俟于通达时务之真人才，皆非狂易失心之人不为此。①

从这句话可看出，当时的部分士大夫仍沉醉于“天朝上国”的迷梦中，轻视西学，盲目自大。因此，开启民智成为当务之急，刻不容缓。在“洋为中用”原则指导下，严复在译文中会介绍一些有益于救亡图存的西方先进思想，如：

> 斯宾塞：Severe and bloody as the process is，the killing-off of inferior races and inferior individuals，leaves a balance of benefit to mankind during phases of progress in which the moral development is low，and there are no quick sympathies to be continually seared by the infliction of pain and death. But as there arise higher societies，implying individual characters fitted for closer co-operation，the destructive activities exercised by such higher societies have injurious re-active

① 严复：《论世变之亟》，见《严复集》，第4页。

effects on the moral natures of their members—injurious effects which outweigh the benefits resulting from extirpation of inferior races. After this stage has been reached, the purifying process, continuing still an important one, remains to be carried on by industrial war—by a competition of societies during which the best, physically, emotionally, and intellectually, spread most, and leave the least capable to disappear gradually, from failing to leave a sufficiently-numerous posterity.

严译：盖流血夷伤之事，群演未深，其于民种，犹有芸弱殖强之效，其时民德既薄，亦不以战争之酷烈，遂至益其残忍，取相爱之心德而梏亡之。洎夫文治既张，民与民分功，国与国相倚，此时而战，所亡必多，以乱易治，以暴易仁，虽芸劣殖优之例，尚有行夫其中，而得也终不胜其丧，进也常不敌其亡。是故中天而后，物竞天择，凡所以去劣存宜，用演进人道于无穷者，不假流血之兵争，而资无形之群竞，农工商贾之业，各求相胜，其战炽然。于此之时，彼有以厚其民生而蕃殖其种姓者，必智德力三者，程度皆高，而知所以趋吉避凶而后可。劣者日角不胜，生机坐微。嗟夫！今日灭种亡国之事，固无待于干戈称比而弓矢张，而其祸方之古初，则倍蓰为酷也。[①]

译文中“于此之时，彼有以厚其民生而蕃殖其种姓者”以下这段话，原文中是没有的，这是严复顺着斯宾塞“强民保种”的论述，进一步陈说强国之道以唤醒当时国人的插入语。在译文中插入自己的见解，可视为“洋为中用”的一种表现形式。

这里应强调的是，为便于国人接纳西方先进思想，严复还善

① ［英］赫伯特·斯宾塞著，严复译：《社会学研究》，第266、283页。

于用中学思想来进行诠释。这种做法，有助于读者理解，进一步增强“洋为中用”的效果，如：

斯宾塞：Thus, the theory of progress disclosed by the study of Sociology as science is one which greatly moderates the hopes and the fears of extreme parties. After clearly seeing that the structures and actions throughout a society are determined by the properties of its units, and that (external disturbances apart) the society cannot be substantially and permanently changed without its units being substantially and permanently changed, it becomes easy to see that great alterations cannot suddenly be made to much purpose. And when both the party of progress and the party of resistance perceive that the institutions which at any time exist are more deeply rooted than they supposed—when the one party perceives that these institutions, imperfect as they are, have a temporary fitness, while the other party perceives that the maintenance of them, in so far as it is desirable, is in great measure guaranteed by the human nature they have grown out of; there must come a diminishing violence of attack on one side, and a diminishing perversity of defence on the other. Evidently, so far as a doctrine can influence general conduct (which it can do, however, in but a comparatively-small degree), the Doctrine of Evolution, in its social applications, is calculated to produce a steadying effect, alike on thought and action.

严译：得吾说而存之，彼两家之难可以解。夫维新之急者，有所蕲也，守旧之笃者，有所惧也。惟群学通则蕲与惧皆可以稍弛。盖深知夫群之差数功分，皆取决于其民德之何如，使本弱也，而忽强；本贫也，而忽富；本僿野也，而忽文明。必无是也。民德未孚，虽以术为之，久乃废耳。又使知政刑礼俗，所以成其如是者，一一皆有其本源，则图进步者，知旧法皆有一时之最宜；言率由者，知成功者之宜退。如此则公输之攻可以稍缓，而墨翟之守亦可以息肩已。是故用天演之说以言群者，将所以除愤解嚣，而使出于中庸之道而已。①

在此，严复将斯宾塞原文中的“extreme parties”（极端党派）译为“维新之急者”和“守旧之笃者”，甚为符合当时中国社会新旧两派交相攻讦的实情。而其用意所在，则在以塞宾斯的渐进保守的政治思想缓解两派矛盾，促使中国走上一条介于盲目激进与过于保守之间的中间道路，严复以为这是符合中国传统的“中庸之道”。又如：

亚当·斯密：In France, the greater part of the actual revenue of the crown is derived from eight different sources; the taille, the capitation, the two vingtiemes, the gabelles, the aides, the traits, the domains, and the farm of tobacco. The live last are, in the greater part of the provinces, under farm. The three first are everywhere levied by an administration, under the immediate inspection and direction of government; and it is universally acknowledge, that in proportion to what they take out of the pockets of the people, they bring more into the treasury of the prince than the other five, of which the administration is much more wasteful and expensive.

① ［英］赫伯特·斯宾塞著，严复译：《社会学研究》，第558～559、574页。

案：是所谓募牙商以为之者，无异中国所云商办也，其政府自领者，犹中国所云官办者也。近数年以来，遇一建置，其争官办商办之孰便者多矣，大抵在官之人多主官办，而民间则多言商办。顾斯密氏之议如此，则可知官办固不必费，而商办亦未必遂综核而便民也。虽然，其事有为国敛财与为国散财之异。为国敛财者，以商办之，未有不知酷虐而增中饱者矣。是在议政即事为衡，而不可执一而论也。[①]

斯密原文介绍了法国的国税和地方募牙商办税的情况，严复加案语来对比当时中国税收官办与商办的利弊，以便吸取法国税法中一些有益的精华，这也是“洋为中用”的一种表现形式。

第三节　读者至上

“读者至上”，是严复遵循的又一个原则。当时为了士大夫这批读者，他不顾一些人的批评，一直采用文言文翻译，正如他在《与梁任公论所译〈原富〉书》一文中所说：“且不佞之所从事者，学理邃赜之书也，非以饷学僮而望其受益也，吾译正以待多读中国古书之人。”[②]

1908年，受大英圣书公会委托，严复翻译《圣经·新约·马可福音》的前四章，其中有几句译文，堪称佳句：

马可福音：When Jesus saw their faith, he said unto the sick of the palsy. Son, thy sins be forgiven thee. But there were certain of the scribes sitting there, and reasoning in

① ［英］亚当·斯密著，严复译：《国富论》，第1165、1210页。

② 严复：《与梁任公论所译〈原富〉书》，见罗新璋、陈应年：《翻译论集（修订本）》，第207页。

their hearts. Why doth this man thus speak blasphemies? Who can forgive sins but God only?

And it came to pass, that he went through the corn fields on the Sabbath day; and his disciples began, as they went, to pluck the ears of corn.

And he said unto them, the Sabbath was made for man, and not man for the Sabbath: Therefore the Son of man is Lord also of the Sabbath.

严译：耶稣知其信向，乃谓病痱者曰：吾儿，若之罪业，蒙赫宥矣。适座中有文墨人，心窃议之曰：此人辄如是云何哉？彼妄渎耳。

他日值安息，耶稣行稻田间，其徒者乎？但使新郎且行且采穗焉。

夫安息日之设，以为人也，非人以为安息日也。由此观之，是人子者，虽安息日且为之主矣。[①]

李炽昌、李天纲认为，犹太地方不种水稻，文中“corn fields”一词亦非指稻田，而译文说“耶稣行稻田间”，其目的是拉近《圣经》与南方儒生的心理距离。又如“夫安息日之设，以为人也，非人以为安息日也”这一句的意思和结构，足以令儒生想起孔子和儒家所谓“人能弘道，非道弘人”的说法。甚至，将“scribes”译成“文墨人”，显然也更令儒生觉得亲切。[②]

严复译书，善于体察读者的感受。只要有一分可能，就要尽一分力，设法消除读者的阅读障碍，使译文契入人心。如：

斯宾塞：Something may, however, be said in defence of

---

① 严复译：《马可福音》，上海：商务印书馆，1908 年。

② 李炽昌、李天纲：《关于严复翻译的〈马可福音〉》，《中华文史论丛》2000 年第 64 辑，上海古籍出版社。

this study which they thus estimate. Of course, it is not to be put on the same level with those historical studies so deeply interesting to them. The supreme value of knowledge respecting the genealogies of kings, and the fates of dynasties, and the quarrels of courts, is beyond question. Whether or not the plot for the murder of Amy Robsart was contrived by Leicester himself, with Queen Elizabeth as an accomplice; and whether or not the account of the Gowrie Conspiracy, as given by King James, was true; are obviously doubts to be decided before there can be formed any rational conclusions respecting the development of our political institutions.

严译：应之曰：子言固然。虽然，独无以为吾群学地耶？子以吾所论，且不足与读史之心得比功，国君之世系，朝代之废兴，宫妾宦官之所阴谋而阳哄，皆子之所重，而目为世变之所存也。鄂布查德之死，果李什斯特之谋，而额里查白与同恶欤？高怀利之变，与英王雅各之所自言，果皆合欤？凡斯疑狱，皆子之所论断，谓由此而后国家之法度有以明也。[①]

这种一问一答的形式，颇有中国传统语录体著作的色彩，一下子拉近了与读者的距离，这是严复为“读者至上”留下的妙笔。又如：

赫胥黎：I think it must be obvious to everyone, that, whether we consider the internal or the external interests of society, it is desirable they should be in the hands of those who are endowed with the largest share of energy, of indus-

① ［英］赫伯特·斯宾塞著，严复译：《社会学研究》，第 88、100 页。

try, of intellectual capacity, of tenacity of purpose, while they are not devoid of sympathetic humanity; and, in so far as the struggle for the means of enjoyment tends to place such men in possession of wealth and influence, it is a process which tends to the good of society. But the process, as we have seen, has no real resemblance to that which adapts living beings to current conditions in the state of nature; nor any to the artificial selection of the horticulturist.

To return, once more, to the parallel of horticulture, in the modern world, the gardening of men by themselves is practically restricted to the performance, not of selection, but of that other function of the gardener, the creation of conditions more favorable than those of the state of nature; to the end of facilitating the free expansion of the innate faculties of the citizen, so far as it is consistent with the general good. And the business of the moral and political philosopher appears to me to be the ascertainment, by the same method of observation, experiment, and ratiocination, as is practiced in other kinds of scientific work, of the course of conduct which will best conduce to that end.

严译：人始以自营能独伸于庶物，而自营独用，则其群以漓。由合群而有治化，治化进而自营减，克己廉让之风兴。然自其群又不能与外物无争，故克己太深，自营尽泯者，其群又未尝不败也。无平不陂，无往不复，理诚如是，无所逃也。今天下之言道德者皆曰：终身可行莫如恕，平天下莫如絜矩矣。泰东者曰：己所不欲，勿施于人。所求于朋友，先施之。泰西者曰：施人如己所欲受。又曰：设身处地，待人如己之期人。凡此之言，皆所谓金科玉律，贯澈上下者矣。[①]

译文中引用孔子“己所不欲，勿施于人”这句话，是为了让读者比较西方人所讲的“施人如己所欲受”的哲理，了解中西文化的相通性。而读者由此也更易理解赫胥黎这段“保群自存”之说的文化内涵。

本章所论的“翻译三原则”，只是笔者研读严译名著时的体悟而已。当下，我国翻译工作者少有达至严先生这样境界的，究其原因，主要是中西文化尚欠火候。译学无边，尚需不断努力。

① ［英］托马斯·赫胥黎著，严复译：《天演论》，第52～53、91页。

第七章　翻译三模式

所谓“模式”，意指某种事物的标准形式或使人可以照着做的标准样式。翻译“模式”的选择，与译者的文化修养、翻译目的和个人风格有密切关系。通过分析严复译著，大致可以知道他采用的是什么“翻译模式”。笔者认为，他用的是三种翻译模式：以心译心、意译+诠释、译文+案语。这样的翻译模式，是一种创新，在我国翻译史上开辟了新局。实际上，这三种模式是严复为实现个人翻译目的而“特制”的。翻译目的不同，选择的模式亦不同。

第一节　以心译心

在中西文化交流中，因语言上有障碍，翻译就成了相互沟通的桥梁。如果原作者和译者思想观念相一致，能实现心灵上的契合，那么译文更容易妙合原文，贴切达意。这种模式，笔者称之为“以心译心”。采用这样的翻译模式，读者能感受到译者与原作者之间心心相印的默契。可想而知，这样的译作，效果肯定非同一般，如：

斯宾塞：A familiar optical illusion well illustrates the

nature of these illusions which often deceive sociological inquirers. When standing by a lake-side in the moonlight, you see stretching over the rippled surface towards the moon, a bar of light which, as shown by its nearer part, consists of flashes from the sides of separate wavelets. You walk, and the bar of light seems to go with you. There are, even among the educated classes, many who suppose that this bar of light has an objective existence, and who believe that it really moves as the observer moves—occasionally, indeed, as I can testify, expressing surprise at the fact. But, apart from the observer there exists no such bar of light; nor when the observer moves is there any movement of this line of glittering wavelets. All over the dark part of the surface the undulations are just as bright with moonlight as those he sees; but the light reflected from them does not reach his eyes. Thus, though there seems to be a lighting of some wavelets and not of the rest, and though, as the observer moves, other wavelets seem to become lighted that were not lighted before, yet both these are utterly false seeming. The simple fact is, that his position in relation to certain wavelets brings into view their reflections of the moon's light, while it keeps out of view the like reflections from all other wavelets.

严译：望舒东睇，一碧无烟，独立湖塘，延赏水月，见自彼月之下，至于目前一道光芒，滉漾闪烁，谛而察之，皆细浪沦漪，受月光映发而为此也。徘徊数武，是光景者乃若随人。颇有明理士夫，谓此光景，为实有物，故能相随，且亦有时以此自讶。不悟是光景者，从人而有，使无见者，则

> 亦无光，更无光景，与人相逐。盖全湖水面，受月映发，一切平等，特人目与水对待不同，明暗遂别，不得以所未见，遂指为无。是故虽所见者为一道光芒，他所不尔。又人目易位，前之暗者，乃今更明，然此种种，无非妄见，以言其实，则由人目与月作二线入水，成角等者，皆当见光，其不等者，则全成暗。惟人之察群事也亦然，往往以见所及者为有，以所不及者为无，执见否以定有无，则其思之所不赅者众矣。[①]

斯宾塞写的月塘景色被严复译为："望舒东睇，一碧无烟，独立湖塘，延赏水月，见自彼月之下，至于目前一道光芒，滉漾闪烁，谛而察之，皆细浪沦漪，受月光映发而为此也。"读后令人陶醉，仿佛进入了诗一般的情境。但是，他话锋一转，由湖面上的月光忽暗忽明，引出一段议论。这段译文并非直译，是严复以自己的心中所想去译斯宾塞站在湖塘边上看月光的所思所想，这样的艺术效果，只有以心译心才能奏效。若平铺直叙地译，效果也许大不一样。

严复译书，是选译与自己思想相吻合的西学书籍，亦算是以心译心的一种形式。这样做的目的，是出于当时形势需要之考虑。简单地讲，就是作者与译者的观点一致，想法如同己出。像这样的例子，在严复译著中随处可见，例如：

> 穆勒：such being the reasons which make it imperative that human beings should be free to form opinions, and to express their opinions without reserve; and such the baneful consequences to the intellectual, and through that to the moral, nature of man, unless this liberty is either conceded, or asserted in spite of prohibition; let us next examine whether the same reasons do not require that men should be

① ［英］赫伯特·斯宾塞著，严复译：《社会学研究》，第 121～122、147 页。

free to act upon their opinions—to carry these out in their lives, without hindrance, either physical or moral, from their fellow men, so long as it is at their own risk and peril. This last proviso is, of course, indispensable. No one pretends that actions should be as free as opinions. On the contrary, even opinions lose their immunity when the circumstances in which they are expressed are such as to constitute their expression a positive instigation to some mischievous act.

严译：夫思想言论，所以不可不自繇，与夫劫持禁遏，所以堙郁民才，致无从成长，而教化从以不蒸。此于前篇，既详论矣。乃今试察其由思想言论，而施诸行事者。问："若其人所为，利害祸福，不出于一己，将其义同于思想言论，不可不任自繇乎？抑言行理殊，而名实之间，他人可以干涉耶？"夫事利害祸福与人共者，无自繇之可言，此理至明，无待论列。又使其言，乃以从臾为非，虽在言论，亦不得借口自繇，以逃罪罚。[①]

严复所持的自由观点与穆勒相一致，否则，他会加以批判。正如温家宝2005年12月6日在法国巴黎综合理工大学演讲时所说："中国人很早就对法国文化产生了浓厚兴趣。卢梭、孟德斯鸠等思想家的书籍很早就翻译成中文，在中国进步知识分子中广为流传。……那时，中国的思想家严复就提出了'身贵自由，国贵自主'的观点。"英国思想家穆勒的自由之说，恰好符合严复的思想，以心译心也就水到渠成了。

以中学译西学，是以心译心的另一种形式，有助于中西文化相融互补，达成作者与读者之间无障碍的思想交流，例如：

赫胥黎：I have pointed out that human society took its

---

① ［英］约翰·穆勒著，严复译：《论自由》，第125、151页。

rise in the organic necessities expressed by imitation and by the sympathetic emotions; and that, in the struggle for existence with the state of nature and with other societies, as part of it, those in which men were thus led to close co-operation bad a great advantage. But, since man retained more or less of the faculties common to all the rest, and especially a full share of the desire for unlimited self-gratification, the struggle for existence within society could only be gradually eliminated. So long as any of it remained, society continued to be an imperfect instrument of the struggle for existence and, consequently, was improvable by the selective influence of that struggle. Other things being alike, the tribe of savages in which order was best maintained; in which there was most security within the tribe and the most loyal mutual support outside it, would be the survivors.

严译：至于人则不然，其受形虽有大小强弱之不同，其赋性虽有愚智巧拙之相绝，然天固未尝限之以定分，使划然为其一而不得企其余。曰此可为士，必不可以为农，曰此终为小人，必不足以为君子也。此其异于鸟兽昆虫者一也。且与生俱生者有大同焉，曰好甘而恶苦，曰先己而后人。夫曰先天下为忧，后天下为乐者，世容有是人，而无如其非本性也。人之先远矣，其始禽兽也，不知更几何世，而为山都木客，又不知更几何年，而为毛民猺獠。[①]

译文中“夫曰先天下为忧，后天下为乐者”这句话，化用自范仲淹《岳阳楼记》中的“先天下之忧而忧，后天下之乐而乐”，仿佛有一种言者动情、闻者动心的力量。范仲淹的这句话也正是

① ［英］托马斯·赫胥黎著，严复译：《天演论》，第 45、87 页。

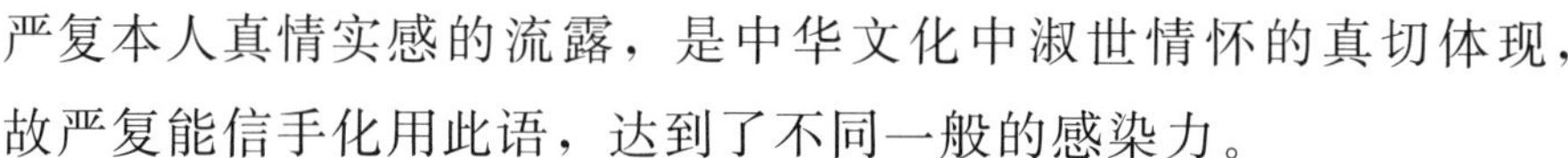
严复本人真情实感的流露，是中华文化中淑世情怀的真切体现，故严复能信手化用此语，达到了不同一般的感染力。

第二节 意译＋诠释

为了避免国人对西学的误解，或方便读者正确理解西方哲学家的先进思想，严复采用意译＋诠释的翻译模式，这与他的传统文化观有关，即“授人以鱼，不如授人以渔”。他明白，中西文化存在差异，故西学难懂，既然是为国人而译，就要让人看懂，意译＋诠释对翻译而言大有必要。例如：

> 穆勒：Let the rulers be effectually responsible to it, promptly removable by it, and it could afford to trust them with power of which it could itself dictate the use to be made. Their power was but the nation's own power, concentrated, and in a form convenient for exercise. This mode of thought, or rather perhaps of feeling, was common among the last generation of European liberalism, in the Continental section of which it still apparently predominates. Those who admit any limit to what a Government may do, except in the case of such Governments as they think ought not to exist, stand out as brilliant exceptions among the political thinkers of the Continent. A similar tone of sentiment might by this time have been prevalent in our own country if the circumstances which for a time encouraged it had continued unaltered.

> 严译：乃今出治之君与受治之民，为一体而同物。一体而同物，故出治者之利害，无异受治者之利害，国家之好恶，

莫非其民之好恶也。夫国固何嫌于一己之好恶而常防之！问天下有施暴虐于其一己者乎？固无有也。故使君受命于国人，而其势常可以变置，则虽畀以无限不制之治权，犹无害也。彼之权力威福，国人之权力威福也，而所以集于其躬者，以行政势便耳，是谓自治之民。惟自治之民，乃真自繇也。夫如是之思想，实五十年以来吾欧讲自繇者所同具，即今大陆之中，持此说者犹至众。若夫去泰去甚，谓五洲治制，其甚不善者固不足存，乃若其余，限其治权已足，则政家之中，所不多觏者矣。[①]

这段译文采用意译，并间或插话解释，如“国家之好恶，莫非其民之好恶也”、“问天下有施暴虐于其一己者乎？固无有也”和“惟自治之民，乃真自繇也”，这与他自己提出的“身贵自由，国贵自主”的思想相吻合。严复如此反复强调自治自由的意义，进一步为读者深化了这些观念。若照原文直译，起到的效果可能没这么大。在严复译著中，意译＋诠释的模式使用较多，又如：

斯宾塞：Hence the reason why even cardinal truths in Sociology, such as the division of labor, remain long unrecognized. That in advanced societies men follow different occupations, was indeed a generalization easy to make; but that this form of social arrangement had neither been specially created, nor enacted by a king, but had group up without forethought of any one, was a conclusion which could be reached only after many transactions of many kinds between men had been noted, remembered, and accounted for, and only after comparisons had been made between these transactions and those taking place between men in simpler societies

① ［英］约翰·穆勒著，严复译：《论自由》，第9～10、25页。

and earlier times. And when it is remembered that the data for the inference that labor becomes specialized, are far more accessible than the data for most other sociological inferences, it will be seen how greatly the advance of Sociology is hindered by the nature of its subject-matter.

严译：而群学所有事者，其为物互著，其为事间有，必汇其情境而详审之并观之。其变象又一一焉皆繁而不简，散处于大宇长宙之间，势不可以遽集，故虽有至大之经例，至明之人理，若斯密《原富》所表而出之分功，皆迟之又久而后见。夫群进而民任职不同，此其通例固易见也。顾如是之经纶，非天创，非人设，非帝王之所诏教，非黔首之所利图，出于自然，而莫为之所。故欲见其会通，立之公例，必取无数群之人事而详审并观之，又必于群演浅深，得其精粗疏密之致，而后通例见焉。夫分功理之易明，例之易立者耳，乃其事若此，知此则群学所治之难，可共喻矣。[①]

斯宾塞原文中并没有“若斯密《原富》所表而出之分功，皆迟之又久而后见”这句话，这是严复自己增加的内容。像这种以西学诠释西学的方式，也是严复的一种译法，在他的译著中有很多这种例子，如：

赫胥黎：That our earth may once have formed part of a nebulous cosmic magma is certainly possible, indeed seems highly probable; but there is no reason to doubt that order reigned there, as completely as amidst what we regard as the most finished works of nature or of man. The faith which is born of knowledge, finds its object in an eternal order, bringing forth ceaseless change, through endless time, in endless

① ［英］赫伯特·斯宾塞著，严复译：《社会学研究》，第102、105页。

space; the manifestations of the cosmic energy alternating between phases of potentiality and phases of explication. It may be that, as Kant suggests, every cosmic magma predestined to evolve into a new world, has been the no less predestined end of a vanished predecessor.

严译：以天演为体，而其用有二：曰物竞，曰天择。此万物莫不然，而于有生之类为尤著。物竞者，物争自存也，以一物以与物物争，或存或亡，而其效则归于天择。天择者，物争焉而独存，则其存也，必有其所以存，必其所得于天之分，自致一己之能，与其所遭值之时与地，及凡周身以外之物力，有其相谋相剂者焉。夫而后独免于亡，而足以自立也。而自其效观之，若是物特为天之所厚而择焉以存也者，夫是之谓天择。天择者择于自然，虽择而莫之择，犹物竞之无所争，而实天下之至争也。斯宾塞尔曰："天择者，存其最宜者也。"夫物既争存矣，而天又从其争之后而择之，一争一择，而变化之事出矣。[①]

严复这段译文亦属意译，原文并无斯宾塞的话，而严复出以新意，增译"斯宾塞尔曰：'天择者，存其最宜者也'"，诠释赫胥黎的"物竞天择"之说，以加强读者对斯宾塞的"保群自存"之说的关注。

第三节 译文+案语

译文+案语是严复的另一种翻译模式，优点是补译文之不足，或对译文内容做解释，便于读者领会原作的精神实质。这种翻译

① ［英］托马斯·赫胥黎著，严复译：《天演论》，第20、60页。

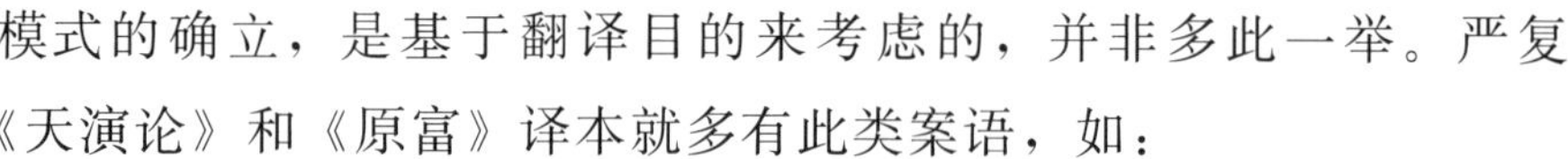

模式的确立，是基于翻译目的来考虑的，并非多此一举。严复《天演论》和《原富》译本就多有此类案语，如：

亚当·斯密：The greatest improvements in the productive powers of labour, and the greater part of the skill, and judgment, with which it is anywhere directed, or applied, seem to have been the effects of the division of labor.

The effects of the division of labor, in the general business of society, will be more easily understood, by considering in what manner it operates in some particular manufactures. It is commonly supposed to be carried furthest in some very trifling ones; not perhaps that it really is carried further in them than in others of more importance: but in those trifling manufactures which are destined to supply the small wants of but a small number of people, the whole number of workmen must necessarily be small; and those employed in every different branch of the work can often be collected into the same workhouse, and placed at once under the view of the spectator.

严译：天下之常言曰：民生在勤。然则，力作者将斯人所定于天之分而无可逃者欤？虽然，均力作矣，其得效则此多而彼少，其致力则此益疾益巧，而彼常拙常迟，其故果安在也？曰：其事首判于功之分不分。功以分而收效益多，此民生日用之中，所在在可见者也。顾其效于小工作易见，于大制造难知。小工作所居之地狭，所用之人寡，所作之事不繁，可一览而尽也。至于大制造则不然，其所仰给者非一廛之肆能所办也。往往取轮于甲，求舆于乙，衡轸盖橑，各异其地，攟而聚之，而后成车，其功之分，难以见也。故欲明分功之有益力作，则莫若明以小工作之业。

复案：斯密氏成书于乾隆四十年，去今百余岁矣，故其所言多与西国今日之情形异。今日大制造，多萃于一厂一肆之中。盖铁轨既通，会合綦易，而一以省中侩之费，二以交相保险，而收利不畸重轻，此虽大制造所以不散处也。[①]

这段案语对斯密所述的小作坊与大工厂的分工进行说明，当时西方国家的实际情况与斯密所说已经有所不同，大工厂因有铁路而不散。加案语主要是对原作进行补充说明，亦可借此就原作的思想观点发表个人见解，避免原作对读者或国民的误导。这是严复附加案语的效果。又如：

复案：于上二篇，斯宾塞、赫胥黎二家言治之殊，可以见矣。斯宾塞之言治也，大旨存于任天，而人事为之辅，犹黄老之明自然，而不忘在宥是已。赫胥黎氏他所著录，亦什九主任天之说者，独于此书，非之如此，盖为持前说而过者设也。斯宾塞之言曰，人当食之顷，则自然觉饥思食。……故子之所言，乃任习，非任情也。使其始也，如其情而止，则乌能过乎？学问之事，所以范情，使勿至于成习以害生也。斯宾塞任天之说，模略如此。[②]

赫胥黎与斯宾塞对人治天行所持的观点有异，斯宾塞主“任天为治”，赫胥黎虽不废此说，但其作《天演论》却专攻此说之弊。正如严复在自序中所说：“赫胥黎氏此书之旨，本以救斯宾塞任天为治之末流，其中所论，与吾古人有甚合者。”此篇案语是严复专为此而写的，以便国人区分二者之别。在译文中不便说明的内容，为免读者疑惑或误解，采用案语形式加以说明，这是一种很好的翻译模式。严复善用案语来贯通中西文化，令人读起来倍

① ［英］亚当·斯密著，严复译：《国富论》，第6、13页。

② ［英］托马斯·赫胥黎著，严复译：《天演论》，第72～73页。

觉亲切。如：

> 案：前篇皆以尚力为天行，尚德为人治，争且乱则天胜，安且治则人胜。此其说与唐刘、柳诸家天论之言合，而与宋以来儒者以理属天，以欲属人者，致相反矣。大抵中外古今，言理者不出二家，一出于教，一出于学。教则以公理属天，私欲属人；学则以尚力为天行，尚德为人治。言学者期于征实，故其言天不能舍形气；言教者期于维世，故其言理不能外化神。赫胥黎尝云：天有理而无善。此与周子所谓诚无为，陆子所称性无善无恶同意。荀子性恶而善伪之语，诚为过当，不知其善，安知其恶耶？至以善为伪，彼非真伪之伪，盖谓人为以别于性者而已。后儒攻之，失荀旨矣。①

这篇案语中，严复比较了中西方哲人关于“天行人治”之说的异同，并进一步归纳了古今中外言理者的观点，可谓言简义丰，条理明畅，是一篇展示中西文化互鉴的好文章。

本章论述的翻译三模式，是严复译书的独特方式，也是严复译著能够行而致远的原因之一。严氏翻译三模式不仅对当下我国的翻译工作有指导意义，而且为世人学习中西文化提供了很好的范本。

---

① ［英］托马斯·赫胥黎著，严复译：《天演论》，第203～204页。

第八章　翻译三标准

严复提出的“信达雅”译事三难可谓家喻户晓。郭沫若曾说：“严复对翻译工作有很多的贡献，他曾经主张翻译要具备信、达、雅三个条件。我认为他这种主张是很重要的，也是很完备的。”[①]“信达雅三字，如果嫌其太简单了一点，也可以改说成更通俗、更现代化的话。不信就是乱译，错译，不达就是死译，硬译，不雅就是走到极端的不成话。”[②] 近百年来，“信达雅”在中国翻译界引起了广泛的讨论，相关研究不胜枚举，认同和质疑声从未停歇。然而，“信达雅”翻译三标准经历了时间和实践的检验，不少人将之视为翻译的金科玉律。且毫无疑问地，它已成为我国翻译理论体系的重要组成部分。

第一节　译事三难

从事翻译的同志，也许都有这样的体会：要做到“信达雅”的确是译事上的三大难题，犹如译者头上的三座大山。严复在

---

① 郭沫若：《谈文学翻译工作》，见罗新璋、陈应年编：《翻译论集（修订本）》，第560～561页。

② 郭沫若：《关于翻译标准问题》，见罗新璋、陈应年编：《翻译论集（修订本）》，第563页。

《天演论·译例言》中说：

> 译事三难：信、达、雅。求其信已大难矣，顾信矣不达，虽译犹不译也，则达尚焉。海通已来，象寄之才，随地多有，而任取一书，责其能与于斯二者，则已寡矣。其故在浅尝，一也；偏至，二也；辨之者少，三也。今是书所言，本五十年来西人新得之学，又为作者晚出之书。译文取明深义，故词句之间，时有所颠倒附益，不斤斤于字比句次，而意义则不倍本文。题曰达旨，不云笔译，取便发挥，实非正法。什法师有云：学我者病。来者方多，幸勿以是书为口实也。①

由于中西文化差别很大，给翻译工作带来诸多困难，尤其要在“信”的基础上兼顾“达雅”更是一件不容易的事，譬如：

Don't wake Daddy.

Why? I asked severely.

Because poor Daddy is tired.

这段对话，看似简单，但求“信达雅”很不容易，尤其是“poor”的释义更难把握。“poor”有可怜、不幸、贫穷、卑贱等意思，但在这里选其中任何一个释义都不太合适。究竟如何译，看来只有仁者见仁，智者见智了。

在实际翻译工作中，如碰到双关语、同音词、回文之类的文字游戏，就更为麻烦，常常会弄得译者不知如何是好。比如：

A：What is matter?

B：Never mind.

A：Then what is mind?

B：It doesn't matter.

很显然，这里的“matter”和“mind”都是双关语，范仲英先生分析其妙处：“matter”指“物质”又指“事情”，“what is

---

① ［英］托马斯·赫胥黎著，严复译：《天演论》，第13～14页。

matter”可理解为“什么物质”，也可理解成“有什么事”。“mind”指“心理”，同时又指“介意”、“反对”，“never mind”可以理解成“不要紧”，也可以理解成“决不是心理”。这个对话用了好几个双关语，使之成为不可译。

这样的例子还有：

“It's a long, sad tale.”

“Of course the tail is long, but why sad?” The girl is thinking.

这段话是利用“tale”（故事）和“tail”（尾巴）两个同音词来写的，因读音相同，故女孩产生误解。但在汉语中“故事”和“尾巴”不同音，故如何处理，就要靠译者发挥才智。

有时，作者有意写错字，以达到一些效果，譬如：

But it was not from Henry; it was a message from the desk clerk. She read: “9:20. Mr. Remsee fone. You lost pkge in his ownership. He bid You stop before tiring.” She judged the last word was intended to be “retiring”.

原文作者为了表示旅店服务员文化水平不高，在写到message的内容时故意用了几个错字，如：Remsee应为Ramsey（拉姆西），fone应为phoned。另外，stop就是stop by（顺便访问）的意思。为了保持原作的风格，译文应作一些调整：

华胄（译）：但那不是亨利写的，而是前台服务员留下的条子。她读道：“九点二十分，拉母希先生来电话，说你把包果拉在他家。他让你旧侵前到他那儿去。”她判断“旧侵”两个字可能是“就寝”。[①]

在译界，一直流传着这么一种说法：诗是不可译的。我国著

① 以上四例选自范仲英：《实用翻译教程》，北京：外语教学与研究出版社，1999年，第195、196、196、199页。

名诗人王统照先生曾在1924年翻译了英国诗人玛生（E. Dowson）的抒情诗，其中有一节诗就译错了，这节诗是：

玛生：And men shall travel,
And laugh and weep;
But we have vistas
Of Gods asleep,
With dreams as deep.

王译：所有的人们过于劳苦，
有的言笑，有的哭泣；
但是我们在神们睡眠的行列中，
与深沉的梦里。

著名作家郁达夫指出："这一节我以为王君没有懂得原诗的意义。所以译文竟犯了不信不达不雅之病。"① 可见，"译事三难"不是伪命题，而是摆在所有译者面前的共同难题。只有解决文化与语言两大难关，才能步入翻译的自由王国。

第二节 追本溯源

近百年来，关于"信达雅"的来源问题，说法不一，论者各执己见。钱锺书先生认为，"信达雅"源于支谦的《法句经序》，他在《管锥编》一书中写道：

支谦《法句经序》："仆初嫌其为词不雅。维祇难曰：'佛言依其义不用饰，取其法不以严，其传经者，令易晓勿失厥义，是则为善。'座中咸曰：老氏称'美言不信，信言不

① 郁达夫：《读了玛生的译诗而论及于翻译》，见罗新璋、陈应年编：《翻译论集（修订本）》，第467～468页。

美'；……'今传梵义，实宜径达。'是以自偈受译人口，因顺本旨，不加文饰。"按"严"即"庄严"之"严"，与"饰"变文同意。严复译《天演论》弁例所标："译事三难：信、达、雅"，三字皆已见此。①

钱锺书指出"信达雅"三字已见《法句经序》，尽管严复本人确实也研究过佛经的翻译，但是否能就此认为其所揭三难直接引自支谦此文，终难确定。

伍光健则认为"信达雅"来自英国的一本译论，伍蠡甫说："一次偶谈中，先父（笔者按：即伍光健）问及严复，其译事高见是依傍古人，还是自出心源，严翁怡然一笑，答以来自英人一本译论——该英人姓名，恕我失记。"罗新璋据此推断，认为"信达雅"当来自泰特勒（Tytler）的《翻译原则》（*Principles of Translation*），他说："虽系单文孤证，但不容不信。"② 邹振环的看法又与罗新璋不同，他说："断言'信达雅'翻译标准完全来自'西方'，这显然是错误的，严复在创造性地提出这一标准时，可能受到泰特勒的启发，但这一标准的根还是扎植在中国传统的翻译理论的土壤中。"③

与前述持不同意见者有香港岭南大学的刘靖之教授，他说："所谓'三难'，大概是从《周易》和孔子的话得到启发。《易·系辞》：'修辞立其诚'；《论语·卫灵公》：'子曰：辞达而已矣'；《左传》（襄公二十五年）引孔子说：'言之不文，行而不远。'严氏认为翻译亦应如此，因此说'三者乃文章正轨，亦即为译事楷模，故信达而外，求其尔雅'。"④

---

① 钱锺书：《管锥编》，北京：生活·读书·新知三联书店，2007年，第1748页。

② 黄忠廉：《适应与选择：严复翻译思想探源》，《上海翻译》2009年第4期。

③ 黄忠廉：《适应与选择：严复翻译思想探源》。

④ 刘靖之：《重神似不重形似——严复以来的翻译理论》，见罗新璋、陈应年编：《翻译论集（修订本）》，第950页。

综上所述，“信达雅”的来源有四种说法：一是支谦的《法句经序》；二是泰特勒的《翻译原则》；三是中国传统翻译理论和文章学原理；四则是在依傍前人的基础上自出心杼。

在这里，笔者尝试着提出一些新的观点，严复“译事三难”的提出，除上述原因外，可能也受到了一些西方翻译著作的影响，如英国马歇曼的《论语》英译本等。自明末以来，西方传教士来华传教，为了寻找儒家思想和基督教的相通之处，这些传教士对《论语》等儒家经典进行了研究与翻译，试图用基督教教义来诠释儒家思想。最早用英语翻译《论语》的是英国浸礼会的一位传教士，名叫马歇曼（Joshua Marshman），1809 年印度 Mission Press 公司出版了他的《论语》英译本，*The Works of Confucius*。马歇曼对《论语》的翻译有着较强的基督教化倾向。作为一名传教士，他翻译《论语》也是想从中寻找到基督教是真理的证据，进而用基督教代替孔教，以耶稣代替孔子。马歇曼的《论语》译本广泛流传，对理雅各等传教士和西方汉学家的译本产生了较大的影响。[①] 我们知道，严复翻译出版《天演论》是在 1896 年。在此之前，他或许研读过马歇曼的《论语》英译本这类西方著作，以寻求翻译之道。严复精通中西方文化，足以领会这些译文的用心所在，加上翻译《天演论》的实践，他会深感“译事三难”就不足为奇了。以上只是笔者的一些猜想，是否属实，有待识者明鉴。

值得注意的是，严复是一个性格很强的人。郭嵩焘说：“又陵言自有理，亦正嫌其锋芒过露，劼刚谓其狂态由鄙人作成之，则亦不知又陵之狂，由来固已久也。”[②] 严复气性狂易自负，应该不太可能照搬国人或泰特勒等人的翻译之说，且他在翻译方面向来

① 杨平：《〈论语〉的英译研究——总结与评价》，《东方论丛》2008 年第 2 期。

② 见《郭嵩焘日记》第三卷，第 912 页。

独树一帜，译道别具一格。故此，严复的“信达雅”之说可能有受前人的启发和影响，但最终将之系统化和理论化，并贯穿于其翻译实践中，则实出于其自身心得。简言之，“信达雅”之说是严复在总结前人论述后进一步发挥的一家之言，也是他的经验之谈。

第三节 百家争鸣

自从严复提出翻译三标准“信达雅”以来，论者对此可谓争议不休，褒贬不一。在看待“信达雅”的问题上，大致有三种态度：肯定、否定及中立。沈苏儒曾函调了 109 家单位或个人对“信达雅”的看法，其中持肯定态度者 50 余家，肯定中带保留者 26 家，持否定态度者 24 家。[①] 如此看来，对“信达雅”还是肯定者居多。

对“信达雅”持否定态度者，较有代表性的有傅斯年、瞿秋白、张君劢、蔡元培、鲁迅、王佐良、王国维等人。这些人大都是以“信达雅”为标准来反对严译，令人觉得有点“以其人之道还治其人之身”的味道。笔者认为，此类观点只能说明严复在翻译时未能贯彻其标准，但不能否认“信达雅”的可行性。

1919 年，傅斯年在《译书感言》中写道：“严几道先生译的书中，《天演论》和《法意》最糟……这都因为严先生不曾对于作者负责任，他只对于自己负责任。……严先生那种达旨的办法，实在不可为训，势必至于改旨而后已。”[②] 傅先生认为严译对原文不忠实，其实已脱离了严复译书的背景和初衷，而以一纯粹翻译

① 沈苏儒：《论信达雅——严复翻译理论研究》，北京：商务印书馆，1998 年，第 112 页。

② 傅斯年：《译书感言》，《新潮》1919 年第 1 卷第 3 号。

家的标准来要求严复。还有人认为严译只求“雅”而不顾“信”和“达”，瞿秋白就是其中之一，他在给鲁迅的信中说：“严几道的翻译，不用说了。他是：译须信雅达，文必夏殷周。其实，他是用一个‘雅’字打消了‘信’和‘达’。最近商务还翻印‘严译名著’，我不知道这是‘是何居心’！这简直是拿中国的民众和青年来开玩笑。古文的文言怎么能够译得‘信’，对于现在的将来的大众读者，怎么能够‘达’！”[①] 但是，胡适却说：“当时自然不便用白话；若用白话，便没有人读了。八股式的文章更不适用。所以严复译书的文体，是当日不得已的办法。……严复的英文与古中文的程度都很高，他又很用心，不肯苟且，故虽用一种死文字，还能勉强做到一个‘达’字。”[②] 胡适不太同意瞿秋白的看法，他虽反对文言文，视之为死文字，却仍承认，严复以古文译书，在一定程度上保证了译著的“达”。笔者认为，瞿秋白等人的说法有失偏颇，等于完全否定了文言文的交流、表达功能。这是新文化运动思潮下盲目否定传统文化的体现，今天应予以反思。

王国维对严译没恪守“信”字也不满意，他说：“侯官严氏，今日以创造学语名者也。严氏造语之工者固多，而其不当者，亦复不少。兹笔其最著者如 Evolution 之为天演也，Sympathy 之为善相感也，而天演之于进化，善相感之于同情，其对 Evolution 与 Sympathy 之本义，孰得孰失，孰明孰昧，凡稍有外国语之知识者，宁俟终朝而决哉！”[③] 在王国维的眼里，严译的最大不足在于造语不当。张君劢也说：“以古今习用之说，译西方科学中之义理，故文字虽美，而义转歧。……严氏译文，好以中国旧观念，

---

① 《关于翻译的通信》，见《鲁迅全集》第 4 卷，北京：人民文学出版社，2005 年，第 381 页。

② 胡适：《五十年来中国之文学》，上海：上海古籍出版社，1999 年，第 94 页。

③ 王国维：《论新学语之输入》，见罗新璋、陈应年编：《翻译论集（修订本）》，第 260 页。

译西洋新思想，故失科学家字义明确之精神。”[1] 亦指出严复译语多不明确，致有失真之嫌。这些言论均是从“信”的角度对严译提出质疑。严复自己或许也意识到了这点，故自《天演论》之后，他的其他译本转较接近于原著，如鲁迅说：“然而严又陵自己却知道这太‘达’的译法是不对的，所以他不称为‘翻译’，而写作‘侯官严复达旨’；序例上发了一通‘信达雅’之类的议论之后，结末却声明道：‘什法师云，学我者病。来者方多，慎勿以是书为口实也!’……但他后来的译本，看得‘信’比‘达雅’都重一些。”[2]

还有人认为，“雅”这一标准是多余的，陈西滢说：“在非文学的翻译，只要能信能达，便尽了译书者的能事……严氏的第三个条件，雅，在非文学的作品里，根本就用不着。”[3] 任鸿隽也曾说：“首先在现今的进步时代里，‘雅’的一个标准早就应该抛弃，不用说了。这样做，不但可把科学与文学的界线划得更为清清楚楚，它将有助于信达两方面的成就。”[4] 这些人的意见大都属于肯定中带有保留，他们对“雅”这一标准的使用范围做出了限定，认为“雅”在非文学作品中不但不是必要的，甚至可能会妨碍“信”和“达”。

全面否定“信达雅”者亦有之，常谢枫说：“‘信、达、雅’这三个字，自从严复提出以后，八十多年来一直被奉为文学翻译的基本原则，这是一个令人惋惜的、早已应该解除的误会。可以毫不夸张地说：这一‘原则’本身的缺陷，以及人们对它的热心推

① 贺麟：《严复的翻译》。

② 《关于翻译的通信》，见《鲁迅全集》第4卷，第390页。

③ 陈西滢：《论翻译》，见罗新璋、陈应年编：《翻译论集（修订本）》，第475页。

④ 任鸿隽：《谈科学翻译问题》，见罗新璋、陈应年编：《翻译论集（修订本）》，第726页。

崇，已经给中国的文学翻译事业带来明显的危害。”[①] 这一说法过于偏颇。综上，对“信达雅”持部分反对或全面否定者，有一个共同特点，即他们对这一标准的评判，往往从严译本身是否严格恪守出发，而忽视了“信达雅”自身的价值意义。

当然，肯定“信达雅”的还是占多数，这一点已经从沈苏儒的调查结果中得到证实。除本章章首所引郭沫若的话之外，胡适也说：“严又陵说好的翻译是信、达、雅，严先生说的是古雅，现在我们如不求古雅，也必须要‘好’。所谓好，就是要读者读完之后要愉快。”[②] 此外，卞之琳、叶水夫等人也认同严复这一翻译主张，他们说：“谈到艺术性翻译问题，严复远在上世纪末提出来的‘信、达、雅’标准不妨先考虑一下。‘信、达、雅’标准早已成了我国的传统翻译标准。我们今天也没有否定它的必要。”[③] 实践出真知，随着时间的推移，我国翻译工作者对“信达雅”的认识逐渐趋同，争议亦有所减弱，“信达雅”日益为译书者所接受。周煦良指出：“我同意沈苏儒先生《论信、达、雅》的文章，要谈翻译标准，还是信、达、雅好。我也同意他的结论：‘历史已经证明，“信、达、雅”理论 80 年来一直在对我国的翻译工作起着指导作用，至今还有它的生命力。’”[④]

以上介绍了“信达雅”这一翻译标准在百年来受到的种种评价，反对、肯定均有之。综观各家意见，笔者认为，任何理论都有其局限性，“信达雅”亦不例外。它并非适用于一切翻译作品，

① 常谢枫：《是“信”，还是“信、达、雅”?》，见罗新璋、陈应年编：《翻译论集（修订本）》，第 996 页。

② 何欣：《胡适先生论翻译》，转引自刘靖之：《重神似不重形似——严复以来的翻译理论》，见罗新璋、陈应年编：《翻译论集（修订本）》，第 955 页。

③ 卞之琳、叶水夫等：《艺术性翻译问题和诗歌翻译问题》，见罗新璋、陈应年编：《翻译论集（修订本）》，第 731 页。

④ 周煦良：《翻译三论》，见罗新璋、陈应年编：《翻译论集（修订本）》，第 1073 页。

也不是译书的唯一标准。尽管如此，完全抹杀其价值也是极不客观的。部分否定者看到了“信达雅”的非普适性，将之全盘摒弃，却忽视了长期以来其对中国翻译理论的奠基作用，和对广大翻译工作者的指导意义，可谓因小失大，舍本逐末。总之，作为翻译工作者的重要参考和理论指南，“信达雅”的地位和价值早已不言而喻，它的理论内涵，仍可以不断丰富和完善。

第四节 学术地位

近百年来，“信达雅”历经褒贬，但仍屹立不倒，因为它已成为一种难以替代的翻译理论，学术地位不同凡响。如周作人所说：“自从严几道发表宣言以来，信达雅三者为译书不刊的典则，至今悬之国门无人能损益一字，其权威是已经确定的了。”①

实践是检验真理的标准。评价严复译论，应看它是否具有长久不替的生命力，它能否扎根在译者的心中，正如我国翻译家罗新璋先生所说：

> 严复的《译例言》，客观上起到继往开来的作用，一方面，集汉唐译经论说之大成，另方面，开近代翻译学说之先河。所以，他的译论一出，备受学术界推重，梁启超曾说，“近人严复，标信达雅三义，可谓知言。”初始阶段，影响所及，几乎到了“译必称信达雅”的地步，成为“译书者的唯一指南，评衡译文者的唯一标准”，奉为“翻译界的金科玉律”。……
>
> 值得一提的是，《译例言》问世以后半世纪里，不论攻之者或辩之者，凡是探讨翻译标准的，基本上不脱信达雅的范

① 周作人：《谈翻译》，见罗新璋、陈应年编：《翻译论集（修订本）》，第540页。

围，很少越出雷池一步！……

许多文章公认，严复当时提出信达雅，对我国译论的发展是一大贡献。一种十九世纪末叶提出的翻译标准，到八十年后的今天，依然具有生命力，依然为人乐于引用作为衡量译文的准绳，在其他国家恐怕也不多见；在各国同时期的译论里，也是引人注目的。严复用信、达、雅三概念来概括翻译工作的几个方面，在世界翻译理论史上可谓别具一格，或许可记上一笔，占有尊荣的一席！[①]

罗先生的一席话，将“信达雅”放在了中国译学史上继往开来的尊崇地位，它既是对汉唐译经经验的总结，又在此基础上开出新义，成为其后译者遵循的轨辙。理论首先来自实践，反过来又用于指导实践。一种理论的学术地位，主要看它的学术价值，而学术价值又可以由其是否具备适用性来衡量。“信达雅”理论亦如此。不管论者赞同与否，“信达雅”自提出以来，已日益成为大多数翻译工作者自觉运用的理论工具及追求的目标，这足以证明这一理论远未过时，仍具有鲜活的生命力。许钧教授称严复为我国近代“译学之父”，他说：“严复的信达雅之说，正是顺应了众译家们这一走向翻译艺术之国的追求。他基于对译事的深入思考，对译术的深刻认识，探译事之奥旨，抉译事之精义，试图揭示翻译之道。而他提出的信达雅，以‘信’为翻译之本，兼达兼雅，三位一体，正是他对翻译之道探索的积极成果。”[②]

综上所述，笔者认为，“信达雅”是我国当下翻译理论之母，也就是说，严复之后提出的各种翻译理论都衍生自“信达雅”。皮后锋博士认为：“‘信、达、雅’是中国近代翻译理论的起点，在中

① 罗新璋：《我国自成体系的翻译理论》，见罗新璋、陈应年编：《翻译论集（修订本）》，第7、10、17页。

② 许钧：《在继承中发展》，《中国翻译》1998年第2期。

国翻译史上具有划时代意义，在我国翻译理论中至今仍占据主流地位。”[①] 当下，尚无可完全替代“信达雅”的翻译标准。

第五节 继承发展

在严复提出“信达雅”之后的一个世纪中，多位翻译大师相继提出一些翻译标准。林语堂在1933年提出“忠实、通顺、美”的准则，他说：“忠实就是‘信’，通顺就是‘达’，至于翻译与艺术文（诗文戏曲）的关系，当然不是‘雅’字所能包括。……为叫起来方便起见，就以极典雅的‘信，达，雅’三字包括这三方面，也无不可。”[②] 从林语堂的论述中可看出，他的“忠实、通顺、美”正是对“信达雅”的继承发展。但他又为“忠实、通顺、美”赋予了新的内涵，指出“忠实”须传神达意，“不但只求一意之明达，亦必求使读者有动于中”，“译出的中国话跟从一定的习惯，可谓‘通顺’”，“翻译于用之外，还有美一方面须兼顾的，理想的翻译家应当将其工作做一种艺术”。[③] 将翻译视为一种艺术，并且还须打动读者，这一提法新颖，且有远见。

1951年傅雷在《高老头》重译本序中提出了“重神似不重形似”的观点，他说：“以效果而论，翻译应当像临画一样，所求的不在形似而在神似。”傅雷这一理论，不但继承了“信达雅”，而且发展了林语堂之说。为何要讲求“重神似不重形似”，傅雷说：

> 两国文字词类的不同，句法构造的不同，文法与习惯的

---

① 皮后锋：《严复大传》，第377页。

② 林语堂：《论翻译》，见罗新璋、陈应年编：《翻译论集（修订本）》，第492页。

③ 林语堂：《论翻译》，见罗新璋、陈应年编：《翻译论集（修订本）》，第503～504页。

不同，修辞格律的不同，俗语的不同，即反映民族思想方式的不同，感觉深浅的不同，观点角度的不同，风俗传统信仰的不同，社会背景的不同，表现方法的不同，以甲国文字传达乙国文字所包涵的那些特点，必须像伯乐相马，要“得其精而忘其粗，在其内而忘其外”。而即使是最优秀的译文，其韵味较之原文仍不免过或不及。翻译时只能尽量缩短这个距离，过则求其勿太过，不及则求其勿过于不及。①

要如何领会“重神似不重形似”，罗新璋对此有明晰的解释：“字字对译，看来似乎忠于原作，但往往字到意不到，死的字面顾到了，活的神采反遗落了；重在神似，则要透过字面，‘超以象外，得其环中’，顾其义而传其神，这样译文才能生动逼真，醒心娱目。”②

傅雷对林语堂的“忠实、通顺、美”的理论有进一步发展，直接将美学理念引入翻译，使翻译成为一门像“临画”一样的艺术。他说：“艺术为本，技巧只是手段。没有技巧，提高不了作品的艺术性；有了技巧，卖弄文笔，喧宾夺主，也会破坏艺术的完整。”“译书的标准应当是这样：假使原作者是精通中国语文的，译本就是他使用中文完成的创作。”③

1979年，钱锺书提出了“化境”之说，他说：“文学翻译的最高标准是‘化’。把作品从一国文字转变成另一国文字，既能不因语文习惯的差异而露出生硬牵强的痕迹，又能完全保存原有的风味，那就算得入于‘化境’”。如何理解这个“化”字，钱先生

---

① 傅雷：《〈高老头〉重译本序》，见罗新璋、陈应年编：《翻译论集（修订本）》，第623～624页。

② 罗新璋：《读傅雷译品随感》，见罗新璋、陈应年编：《翻译论集（修订本）》，第1088页。

③ 转引自罗新璋：《读傅雷译品随感》，见罗新璋、陈应年编：《翻译论集（修订本）》，第1090页。

说："译本对原作应该忠实得以至于读起来不象译本，因为作品在原文里决不会读起来象经过翻译似的。"① "化境"之说是傅雷"神似"论的发展，也是文学翻译所追求的最高境界。

在钱锺书提出"化境"之说的同年，许渊冲也在《外国语》第一期杂志上提出了译诗"三美"说，他说："我觉得译诗不但要传达原诗的意美，还要尽可能传达它的音美和形美。……要在传达原文'意美'的前提下，尽可能传达原文的'音美'；还要在传达原文'意美'和'音美'的前提下，尽可能传达原文的'形美'；努力做到'三美'齐备。如果三者不能得兼，那么，可以不要求'形似'和'音似'，但要尽可能传达原文的'意美'和'音美'。"② 他提出好的译诗要具备音、形、意三美，其中尤以传达原诗的"意美"、"音美"最为重要。我们知道，翻译诗歌与翻译其他作品的不同在于，它除了要兼顾"信"与"达"之外，更要追求"雅"，即诗这一文体在音上的节奏美、韵律美，形上的格式美，以及意象之美。许渊冲先生的"三美"说，其实是沿着严复"雅"的标准的轨迹，将之运用到诗歌翻译的实践中去的，其观点填补了长期以来译诗理论上的空缺，具有非常高的指导价值。

以上四位著名翻译家各自提出的翻译标准，是对严复"信达雅"的继承发展，对当下的翻译工作具有指导意义。这些标准的一个共同特点是，皆带有传统美学文化的韵味，不论林语堂的"忠实、通顺、美"，傅雷的"神似"，钱锺书的"化境"，还是许渊冲的"三美"，皆体现出"雅"之说的发展痕迹。严复提出的"雅"，不但没有被抛弃，且其内涵还得到了进一步的深化、丰富，成为翻译标准的发展方向。

---

① 钱锺书：《林纾的翻译》，见罗新璋、陈应年编：《翻译论集（修订本）》，第774～775页。

② 许渊冲：《译诗研究》，见罗新璋、陈应年编：《翻译论集（修订本）》，第932～934页。

第九章　“五三译论”的实践

前面几章主要介绍了严复先生的“五三译论”，即“三达旨”翻译思想、翻译三观、翻译三原则、翻译三模式、翻译三标准。“五三译论”虽然只是笔者在研读严复译著时根据自己的体会所归纳的，但应该能符合严先生的译书实践。本章将结合一些实例，进一步讨论“五三译论”的实践意义和价值，以便大家审视严复这一“译论”是否适合当下的翻译工作。这样做，有利于严氏“五三译论”之推广，也合乎发掘我国文化遗产之精神。

第一节　四大意义

严复翻译理论的意义已被很多人谈起，这里欲根据笔者所提出的“五三译论”，分析严复译论的具体意义。下面分别从可操作性、可通用性、无替代性、学术价值四个方面来展开讨论。

一、可操作性

理论是服务于实践的，一种理论如果在实践中不具备可操作性，那么它的意义就将大打折扣。严复的翻译理论早已深入人心，同时它具备了便于使用或操作的优势，如“信达雅”就是显例，下面举实例予以分析。

奥斯汀：I feel myself called upon, by our relationship, and my situation in life, to condole with you on the grievous affliction you are now suffering under, of which we were yesterday informed by a letter from Herfordshire. Be assured, my dear sir, that Mrs. Collins and myself sincerely sympathise with you, and all your respectable family, in your present distress, which must be of the bitterest kind, because proceeding from a cause which no time can remove.

王译：昨接哈福德郡来信，借悉先生目前正值心烦意乱，不胜苦悲。不佞与拙荆闻之，无论对先生个人或尊府老幼，均深表同情，以不佞之名份职位而言，自当聊申悼惜之意，何况与尊府忝为葭莩，益当责无旁贷。①

这是摘自奥斯汀（Jane Austen）1813年写的小说《傲慢与偏见》（*Pride and Prejudice*）中的一段，柯林斯牧师写给班纳特先生的信，语气迂腐，辞藻华丽。王科一先生故意用文言文翻译，译文看上去古色古香，却反而表现出其人装腔作势的性格，对刻画人物形象有一定作用。这是“信达雅”在翻译中所发挥的作用。

原作修辞典雅，译文亦以典雅文字呼应，这在文学作品中随处可见，又如：

雷·布拉德伯里：The autumn leaves blew over the moonlit pavement in such a way as to make the girl who was moving there seen fixed to a sliding walk, letting the motion of the wind and the leaves carry her forward. Her head was half bent to watch her shoes stir the circling leaves. Her face was slender and milk-white, and in it was a kind of gentle

① 张今：《文学翻译原理》，开封：河南大学出版社，1987年，第199页。

hunger that touched over everything with tireless curiosity. It was a look, almost, of pale surprise; the dark eyes were so fixed to the world that no move escaped them. Her dress was white and it whispered. He almost thought he heard the motion of her hands as she walked, and the infinitely small sound now, the white stir of her face turning when she discovered she was a moment away from a man who stood in the middle of the pavement waiting.

苗译：秋风吹落叶，卷过月光流照的人行道，袅袅婷婷的一位姑娘仿佛并未移步，而是乘风履叶，若飞若扬。她低着头，望着脚下随风转的乱叶；颜容瘦削而洁白，温柔之中含有渴望，显出一种不知疲倦地探索一切的神情，一种近乎惊异的神情，一双黑眼睛好像时刻注视着世界，观察着人间的变动；一身素服，走起路来瑟瑟如私语。蒙特答似乎连她双手摆动的声音也能听到，甚至听到她微微转过脸来时很轻很轻的声音：她已经发现自己距离在人行道中间止步的男人不过咫尺之遥。[1]

这是摘自美国作家雷·布拉德伯里（Ray Bradbury）写的小说《华氏451度》（*Fahrenheit* 451）中的一段，原文属辞典雅，苗怀新先生的译文亦清新雅致，富有诗意，这是以“雅”译“雅”的一个例子，很值得借鉴。

原作写什么，就译什么，这是最基本的要求。但是，切实忠于原作，往往难以办到，这需要尽译书人之能事。在这点上，我国一些翻译家就做得很好，吕叔湘先生就是其中之一，如：

伊迪丝·华顿：The winter morning was clear as crystal. The sunrise burned red in a pure sky, the shadows on the rim

① 张今：《文学翻译原理》，第119～120页。

of the wood-lot were darkly blue, and beyond the white and scintillating fields patches of far off forest hung like smoke.

吕译：冬天的早晨水晶般明澈。纯净的东边天上朝日烧得通红，林子边上的影子是暗蓝色，隔着那耀眼的白漫漫的田野，远处的森林象挂在半空中的烟云。[①]

吕叔湘先生译的这一段摘自美国作家伊迪丝·华顿（Edith Wharton）在1911年写的小说《伊坦·弗洛姆》（*Ethan Frome*），译文忠实，畅如流水，妙趣横生，让人似乎见到那里美妙的景色，真可谓妙手出奇文。

二、可通用性

可通用性是衡量一种理论价值的重要指标。不论翻译小说、诗歌、政论文，还是其他文体，“五三译论”都有适用性，如：

萨克雷：Sir Pitt went and expostulated with his sister-in-law upon the subject of the dismissal of Briggs, and other-matters of delicate family interest. In vain she pointed out to him how necessary was the protection of Lord Steyne for her poor husband; how cruel it would be on their part to deprive Briggs of the position offered to her. Cajolements, coaxing, smiles, tears could not satisfy Sir Pitt, and he had something very like a quarrel with his once admired Becky. He spoke of the honour of the family: the unsullied reputation of the Crawleys; expressed himself in indignant tones about her receiving those young Frenchmen— those wild youngmen of fashion, my Lord Steyne himself, whose carriage was always at her door, who passed hours daily in her company, and

① 张今：《文学翻译原理》，第77页。

whose constant presence made the world talk about her. As the head of the house he implored her to be more prudent. Society was already speaking lightly of her. Lord Steyne, though a nobleman of the greatest station and talents, was a man whose attentions would compromise any woman; he besought, he implored, he commanded his sister-in-law to be watchful in her intercourse with that nobleman.

杨译：毕脱爵士去看弟妇，提到辞退布立葛丝的问题及家里各种难以启齿的事情，着实劝谏了一番。她向他作了解释，说她可怜的丈夫没有斯丹恩勋爵提拔照顾是不行的。至于布立葛丝呢，有了这么好的差使，如果他们不许她去的话，不是太没有心肠了吗？这些话全无效验。她哭也罢，笑也罢，甜言蜜语地讨好也罢，毕脱爵士只是不满意。结果她和他以前最佩服的蓓基很象吵了一次架。他谈到家门的体面和克劳莱家族洁白无瑕的名声。他气虎虎地责备她不该和那些年轻的法国男人来往，说他们全是花花公子，行为不检点。他又提到斯丹恩勋爵，说他的马车老停在她门口，他本人每天陪着她好几个钟头，惹出许多闲话来。他以家长的身分恳求蓓基行事小心谨慎，因为外面已经对她说长道短。斯丹恩勋爵纵然地位极高，才识丰富，可是这种人呀，哪个女人接受他的献媚，哪个女人就要遭殃。他要求，他恳求，他命令他的弟妇，要她往后步步留心，少和那位大佬打交道。①

这是摘自英国作家萨克雷（William Makepeace Thackeray）在1847年写的小说《名利场》（*Vanity Fair*）中的一段话，意在揭示和讽刺英国上流社会的丑恶与虚伪。杨必先生对原作的语言进行了灵活巧妙的艺术处理，如将expostulated译为古色古香而

① 张今：《文学翻译原理》，第108～109页。文字略有改动。

又做作的“劝谏”，将 matters of delicate family interest 译为语意委婉的“家里各种难以启齿的事情”，将 that nobleman 译为“那位大佬”这种反语，从而生动地再现了原著那种讽刺小说的喜剧色彩。这种有意的改动，即不背离原文内容，又能体现出原文的风格，合乎严复“宏观达旨”的思想。对于译诗，“五三译论”亦有其价值，其中“以心译心”模式尤为适用，例如：

莎士比亚：If after every tempest come such calms,
May the winds blow till they have wakened death!
And let the laboring bark climb hills of seas,
Olympus-high, and duck again as low.
As hell's from heaven!

朱译：要是每一次暴风雨之后，
都有这样和煦的阳光，
那么尽管让狂风肆意地吹，
把死亡都吹醒了吧！
让那辛苦挣扎的船舶爬上一座座如山的高浪，
就象从高高的天上坠下幽深的地狱一般，
一泄千丈地跌下来吧。[1]

这是英国戏剧家莎士比亚（William Shakespeare）于 1603 年写的戏剧《奥瑟罗》（*Othello*）中的一段诗句，描写主人公奥瑟罗战胜海上风暴，回到故乡时所抒发的喜悦心情。朱生豪先生以跌宕起落的笔势译出，与主人公的喜悦心情相呼应，堪称译诗样板。

政论文贵在打动人心，引发共鸣，故作者要在文辞的感染力上下足功夫。同样，译者在翻译时也应重视修辞功夫，传递原文

① 张今：《文学翻译原理》，第 134 页。

作者的真情实感。在这一点上，严复的“读者至上”原则可派上用场，例如：

詹·鲍德温：It must be remembered that the oppressed and the oppressor are bound together within the same society; they accept the same criteria, they share the same beliefs, they both alike depend on the same reality. Within this cage it is romantic, more meaningless, to speak of a “new” society as the desire of the oppressed, for that shivering dependence on the props of reality which he shares with the *Herrenvolk* makes a truly “new” society impossible to conceive. What is meant by a new society is one in which inequalities will disappear, in which vengeance will be exacted; either there will be no oppressed at all, or the oppressed and the oppressor will change places. But, finally, as it seems to me, what the rejected desire is, is an elevation of status, acceptance within the present community. Thus, the African, exile, pagan, hurried off the auction block and into the fields, fell on his knees before that God in whom he must now believe; who had made him, but not in his image. This tableau, this impossibility, is the heritage of the Negro in America: *Wash me*, cried the slave to his Maker, *and I shall be whiter, whiter than snow*! For black is the color of evil; only the robes of the saved are white.

钱译：我们必须记住受压迫者和压迫者是在同一社会中被束缚在一起的。他们接受同样的准绳；共有同样的信仰；他们彼此相像地都依赖同样的现实。在这种现实的樊笼中，作为受压迫者的要求，来说什么“新的”社会，简直是幻想，再没有什么比这更无意义的了。因为受压迫者和支配民族双方都要战战兢兢地依附在他们共有的现实支柱上，这就使人不可能去想像一个真正的“新的”社会了。新的社会的含义是其中不平等的现象完全消失，报仇的意义必须实现；要么是受压迫者已不存在，要么是受压迫者和压迫者调换地位。但是结局，我觉得那不能接受的要求，就是黑人身分地位的提高，被白人社会所接纳的那回事。这样一来，从奴隶拍卖台急急逃向自由的原野去的非洲人，流亡者，异教徒，就要跪下在他现在不得不信奉的上帝的前面去了。上帝造人，但没有照着祂的形像来造他。试想这种光景，这种决办不到的事，正是在美国的黑人的祖先所遗留下来的奴性：洗净我吧，那奴隶对他的造物主叫出来，那样我就可以更白，比雪还要白呀！因为黑是罪恶的颜色；只有那些得救者的外衣才是白的。[①]

这篇短文摘自美国现代黑人作家詹·鲍德温（James Baldwin）写的散文《一个土生子的札记》（*Notes of a Native Son*）。钱歌川先生将“cage”译为“樊笼”，“auction block”译为“奴隶拍卖台”，“who had made him，but not in his image”译为“上帝造人，但没有照着祂的形像来造他”，“black is the color of evil”译为“黑是罪恶的颜色”，“the robes of the saved”译为“得救者的外衣”，一下子就把黑人的生存困境揭露出来，使作者为黑人请命的情怀跃然纸上。

三、无替代性

自严复以来，翻译标准不断创新，如前文所介绍的傅雷“神似说”，钱锺书“化境说”等。但是，万变不离其宗，无论“神

① 钱歌川：《翻译的技巧》，北京：中国对外翻译出版公司，1980 年，第 492～495 页。

似”也罢，“化境”也罢，皆以“信达雅”为本。

严复、傅雷、钱锺书三家译论，皆带有鲜明的中国传统文化色彩。三者均是翻译标准，又可视为翻译思想，但比较之下“神似说”和“化境说”仍不足以取代严复译论。郭宏安认为：“在中国的翻译界，自严复首标‘译事三难：信，达，雅’之后，又有‘忠实、通顺和美’、‘不增不减’、‘神似’、‘化’等说法提出。主张虽多，又各据其理，然就其可操作性来看，鲜有如‘信达雅’之可触可摸、可施可行者。我甚至有一种近乎愚钝的想法，这种种的说法似乎都还或近或远地在‘信达雅’的树阴下乘凉。”① 郭先生的说法有一定道理，就实用性而言，“神似”与“化境”说只能局限于文学翻译，通用性有限，像科技文、政论文、说明文这类翻译，则仍以“信达雅”更为合适，这也证明严复译论的不可替代性。例如：

英奇：This spirit of fair-play, which in the public schools, at any rate, is absorbed as the most inviolable of traditions, has stood our race in good stead in the professions, and especially in the administration of dependencies, where the obvious desire of the officials to deal justly and see fair-play in disputes between natives and Europeans has partly compensated for a want of sympathetic understanding, which has kept the English strangers in lands of alien culture.

钱译：这种公正的精神，至少在私立公校中是当作最为神圣不可侵犯的传统而加以全神贯注的。这种精神在人们的供职上，尤其是在属地统治上，对于英国民族是很有用的。当统治属地时，英国的官员抱着一种显然的愿望，想要公正地处理土人与欧人间的争执，而冀得到公平的解决，使英国

① 郭宏安：《〈恶之花〉译跋》，见郭宏安：《波德莱尔诗论及其他》，上海：同济大学出版社，2006 年，第 508 页。

人处在海外的异族文化中，因缺乏同情的谅解而格格不入的情形，多少获得了一点补偿。[①]

这是英国作家威廉·拉尔夫·英奇（William Ralph Inge）在《公正精神》（*The Spirit of Fair-Play*）这本书中所写的一段话，它属于政论文类型。原文议论平实严谨，不尚形式和辞藻上的华丽，而钱歌川先生的译文也字斟句酌，力图真实流畅地再现原作所要传达的信息，这正是“信”和“达”在翻译中的运用。

另外，还有不少学者提出了一些新的翻译标准，刘重德的“信达切”之说，许渊冲的“信达优”之说，林语堂的“忠实、通顺、美”之说，欧阳桢的“自明、信达、透明”之说，鲁迅的“宁信而不顺”之说，以及范仲英的“大致相同感受论”等，但均不如“信达雅”影响之大，也未得到一致认同。正如卞之琳等人所说：“‘信、达、雅’标准早已成了我国的传统翻译标准。我们今天也没有否定它的必要。”[②]

四、学术价值

对某一理论的学术价值的评价，主要看它的效用。以“信达雅”为例，当下，凡是译书者，鲜有不以之为准的。这就是严复译论的影响力。

1954 年，马恩列斯编译局校审室提出“‘雅’是‘达’的进一步的发展”这一观点，引起不少争议。[③] 殿兴先生对此提出质疑，他说：“这种解释也是很勉强的。试问，既已‘以正确通顺的中文表达’了‘作者的思想、风格和精神’了，我们还要‘雅’做什么

---

① 钱歌川：《翻译的技巧》，第 437～438 页。

② 卞之琳、叶水夫等：《艺术性翻译问题和诗歌翻译问题》，见罗新璋、陈应年编：《翻译论集（修订本）》，第 731 页。

③ 罗新璋：《我国自成体系的翻译理论》，见罗新璋、陈应年编：《翻译论集（修订本）》，第 14 页。

呢？‘进一步的发展’，进一步往哪里发展呢？”[①] 笔者以为，殷兴先生的说法实际上是把“雅”的观点限制了。正如笔者前面所说，“信达雅”并非具有普适性，也就是说，并不是所有的译著都必须贯彻“信达雅”这一标准。但是，“信达雅”作为普遍意义上的指导原则，是难以被轻易否定的。比如说，某部译作可以不“雅”，但不是所有的译作都可以不追求雅。故此，从通用性来看，“雅”的追求还是有必要的。当然，对某一理论学术价值的评价，并非一朝一夕之事，必须经历相当长一段时间的检验。

从学术价值的角度看，“五三译论”具有三大特点：一是中西文化交融互鉴，有利于译作行而致远，《天演论》译本就是一例；二是“信达雅”标准具备通用性，享有“翻译圭臬”之赞誉；三是依据“变通”理念引入诠释、案语，致“难译”现象不再是难题。可以说，这三大特点所展现的就是严复译论的学术价值。

现以三个例子来说明“五三译论”的学术价值：

例 1：When they find who killed that kid and its mother, they'll throw the book, and never mind who it hits.

他们要是查明是谁撞死了那个孩子及其母亲，他们就会严厉惩罚肇事者，不管是谁。

例 2：The state legislature had recently passed a law prohibiting the teaching of “any theory that denies the story of creation as taught in the Bible”.

州立法机构最近通过一项法律，禁止讲授“任何否定《圣经》所教诲的上帝创造万物的理论”。

例 3：And sure enough, in the definition which raised the Post's blood pressure, I find the words “folding like an

① 殷兴：《信达雅与翻译准确性的标准》，见罗新璋、陈应年编：《翻译论集（修订本）》，第 673～674 页。

accordion”.

果然，我在令《邮报》愤怒的定义里，找到这样的说明——“和手风琴一样可以折叠”。①

上面三个例子中“throw the book”、“story of creation”、“blood pressure”等，靳梅琳先生皆作了变通处理，分别译为“严厉惩罚肇事者”、“上帝创造万物的理论”、“愤怒”，通过原文语意的调整，让译文更切合原作所传达的信息，这是严复译论效用的典型案例。

严复的翻译思想予后人以极大影响，其融贯中西文化、以中学释西学的翻译方法，对后来的译者启发很大。如：

萨克雷：“Madam, —after her six years' residence at the Mall, I have the honour and happiness of presenting Miss Amelia Sedley to her parents, as a young lady not unworthy to occupy a fitty position in their polished and refined circle. Those virtues which characterize the young English gentlewoman, those accomplishments which become her birth and station, will not be found wanting in the amiable Miss Sedley, whose industry and obedience have endeared her to her instructors, and whose delightful sweetness of temper has charmed her aged and her youthful companions.”

杨译：“夫人——爱米丽亚·赛特笠小姐在林荫道（女校）已经修毕六年，此后尽堪至府上风雅高尚的环境中占一个与她身份相称的地位，我因此感到万分的荣幸和欣喜。英国大家闺秀所特有的品德、在她家世和地位上所应有的才学，温良的赛特笠小姐已经具备。她学习勤勉，性情和顺，博得

① 以上三例选自靳梅琳：《英汉翻译概要》，天津：南开大学出版社，1995年，第41～42页。文字略有改动。

师长们的赞扬，而且她为人温柔可亲，因此校内外无论长幼，一致喜爱她。”①

杨必先生翻译英国作家萨克雷《名利场》中的这段话，刻意拿腔捏调，显示出一种矜重、端庄的风格。译文富有中国色彩，读者面对的仿佛不是一位英国贵族小姐，而是一位中国大家闺秀，令人倍感亲切。

吕叔湘先生亦如此，他的译文洋溢着中华文化的韵味，例如：

Now and then he turned his eyes from the girl's face to that of the partner, which, in the exhilaration of the dance, had taken on a look of impudent ownership.

他时而转移他的目光从女子的脸上到她的舞伴的脸上，那张脸在跳舞的狂热之中俨然有“佳人属我”的神情。②

吕叔湘先生将“had taken on look of impudent ownership”译作“俨然有‘佳人属我’的神情”，这是把我国传统“才子佳人”的称谓引入译文，让人读起来就像读中国小说。其用字之考究与精当，令人击节叹赏。

综上所述，严复译论不仅极具学术价值，而且成为我国翻译工作者的重要指导理论，在我国翻译理论体系中占有主导地位。

第二节　实践案例

一、案语/译序

所谓“案语”，即在创作、翻译时对相关文章、词句作补充、

① 张今：《文学翻译原理》，第91～92页。

② 王宗炎：《评吕译〈伊坦·弗洛美〉》，见罗新璋、陈应年编：《翻译论集（修订本）》，第651页。

提示、说明或考证。案语的应用，要看需求而定，不能强求一致。译序是译著前的序言，主要是对原作的介绍评述，有时还会加上对自己翻译过程的说明。例如傅东华先生在翻译美国米切尔（Margaret Mitchell）小说《飘》（*Gone With The Wind*）时用译序对书名进行解释：

关于本书的译名，也得稍稍解释一下。原名“*Gone With The Wind*”，取义于本书的第二十四章，原意是说本书主人公的故乡已经“随风飘去”了。上海电影院起初译为《随风而去》，与原名固然切合，但有些不像书名，后来改为《乱世佳人》，那是只好让电影去专用的。现在改为《飘》，“飘”的本义为“回风”，就是“暴风”，原名 Wind 本属广义，这里分明是指暴风而说的；“飘”又有“飘扬”、“飘逝”之义，又把 Gone 的意味也包含在内了。所以我觉得有这一个字已经足够表达原名的蕴义。[①]

这是对译本译名所作的解释。又如林纾的《兴登堡成败鉴》序：

蒲哈德者，武人耳，非著作家。唯其身历行间，与德人大小数十战，而幸不死。又德法世仇，憾之次骨，故为此书以伸其数十年之积忿。多以议论讥弹其大将。且叙事复杂，言之又言。余与林季璋极力节缩之，尚微觉其絮。此书果落仲马父子之手者，则高骋戛厉，读者必且动色。顾蒲哈德非其人也。迩来法人亦渐厌恶古文，通行语体。此亦所谓潮流乎？宜乎中国受其沾染，亦愈趋愈下。古人之菁英，将自此而熠矣！此书原非欧战信史，语出自法人之口，则兴登堡盖世之雄，亦将同其最后之失败，而丧其令名。如拿破仑，其前车也。唯其中颠末粗具，可资考证。余不事译著，可一年

① 傅东华：《〈飘〉译序》，见罗新璋、陈应年编：《翻译论集（修订本）》，第516页。

矣。既得此书，虽不详不备，亦不能舍置，姑译之以问世。俟有名作，当更译之。至于读者果厌吾文之絮，则咎不在我。吾不审西文，但资译者之口，苟非林季璋之通赡，明于去取，则此书之猥酿不纲尚不止是也。[①]

案语或译序是作者对原著的说明，有助于读者进一步了解作品，译者对此需精心从事。

二、节译

“节译”同样用得较为广泛，在面对信息量较大的文本内容时，为方便读者了解中心内容，删汰冗余，选译重点，不失为一种可行的方法。

节译是指有选择地翻译全书或全文中的一部分内容。如钱歌川先生为了讲授以俚俗语写的现代文学，特意从塞林格（J. D. Salinger）的长篇小说《麦田里的守望者》（*The Catcher in the Rye*）中节译了两段来说明这一现代英文的独特文体，很有借鉴意义。

塞林格：It was too late to call up for a cab or anything, so I walked the whole way to the station. It wasn't too far, but it was cold as hell, and the snow made it hard for walking, and my Gladstones kept banging hell out of my legs. I sort of enjoyed the air and all, though. The only trouble was, the cold made my nose hurt, and right under my upper lip, where old Stradlater'd laid one on me. He'd smacked my lip right on my teeth, and it was pretty sore. My ears were nice and warm, though. That hat I bought had earlaps

① 林纾：《〈兴登堡成败鉴〉序》，见罗新璋、陈应年编：《翻译论集（修订本）》，第246页。

in it, and I put them on—I didn't give a damn how I looked. Nobody was around anyway. Everybody was in the sack.

Usually I like riding on trains, especially at night, with the lights on and the windows so black, and one of those guys coming up the aisle selling coffee and sandwiches and magazines. I usually buy a ham sandwich and about four magazines. If I'm on a train at night, I can usually even read one of those dumb stories in a magazine without puking. You know. One of those stories with a lot of phony, lean-jawed guys named David in it, and a lot of phony girls named Linda or Marcia that are always lighting all the goddam Davids' pipes for them.

钱译：那时已经太晚不能打电话去叫出租汽车什么的了，所以我便一直走路走到火车站去。那并不太远，不过却冷得要命，飞雪使步行增加困难，我手上所提的旅行皮箱老是在我腿上碰来碰去。可是我对于那空气等等倒是相当喜欢的。唯一的困难就是我的鼻子冷得发痛，还有正在我上嘴唇下面的部分也痛，因为老史重重地在那里打了我一下。他掴了我牙齿外面的嘴唇，那里痛的很。我的耳朵却很温暖，因为我买的那顶帽子是有耳罩的，我把那两个耳罩戴上了，——至于我变成一个什么怪相我一点也不管。好在附近也没有一个人。所有的人都睡到床上去了。

通常我是喜欢坐火车的，尤其是在夜里，电灯照着，窗外一片漆黑，还有那小贩来到通路上卖着咖啡，三明治，还有杂志。我总是要买一个火腿三明治，和差不多四种杂志，如果我是在夜间坐车，我通常都能读完一篇这种杂志上的低级故事而不作呕的。你知道的，这样的故事，有一篇其中出现不少名叫大卫的尖下巴的骗子，还有一些名叫苓达或玛琪的女骗子，她们老是要去替那些混帐东西的大卫们点燃他们的烟斗。[①]

《麦田里的守望者》是现代俚俗语文学的代表，全书用了不少俚语或俗语，钱先生选取其中较有代表性的部分作为例证。

范仲英教授在讲授文学翻译要传神时，特以英国作家夏洛蒂·勃朗特（Charlotte Bronte）写的长篇小说《简·爱》（*Jane Eyre*）为例，节译第二十七章中的一段，来讲述简·爱一天凌晨从罗切斯特家出走时的情景。

勃朗特：I skirted fields and hedges and lanes till after sunrise. I believe it was a lovely summer morning：I know my shoes，which I had put on when I left the house，were soon wet with dew. But I looked neither to rising sun，nor smiling sky，nor wakening nature. He who is taken out to pass through a fair scene to the scaffold，thinks not of the flowers that smile on his road，but of the block and axe-edge; of the disseverment of bone and vein; of the grave gaping at the end;...

范译：我沿着田野、树篱的边缘，走过小径，一直走到日出三竿。我觉得今天是个可爱的夏日的早晨。我知道，我出门时刚穿上的鞋子，很快就让露水弄湿了。可是，我不看初升的太阳，不看向我微笑的天空，也不看正在苏醒的大地。一个被押去断头台的人，路过美丽景色的时候，是不会注意路旁微笑的花朵。他想的只是利斧和砧板，只是躯体的破碎和分离，只是最后等着他的张着大口的墓穴；……[②]

---

① 钱歌川：《翻译的技巧》，第480、482页。

② 范仲英：《实用翻译教程》，第60页。

这段讲的是简·爱知道罗切斯特是爱她的，她也爱罗切斯特。但她觉得这是不可能的，便决定出走。这时她的心情十分复杂矛盾。从这段话的字里行间可以看出她的一种悲伤但又充满感情的心态。

节译是为某种需求所取的一种翻译方式，它在科技文中用得尤为普遍。严复翻译《天演论》也用了较多节译，如今这一译法亦得到了推广应用。

三、编译

编译是严复宏观等值翻译观的表现形式，业已获得普遍应用。通过编译，可以缩小文章的篇幅，节约阅读时间，这种翻译方式得到译家们的认可。编译的成败与否，取决于译者的相关知识水平。通常，编译者必须是熟悉原作的行家里手。下面举两个例子：

罗密欧与朱丽叶

剧中的主人公朱丽叶，是一位名门闺秀。她热爱生活，天真纯洁，在同罗密欧相爱之前，是一个循规蹈矩，唯命是从的贤淑少女；她与罗密欧相爱后，灼热的爱情的火焰在她身上立刻变成了一股不可遏止的力量。她变得大胆起来了。再也不是俯首帖耳、唯父母之命是听的闺秀了。为了纯洁的爱情她敢于反抗封建制度。罗密欧被逐后，父亲又来逼婚，这时摆在朱丽叶面前的只有两条路：一是顺从父命，一是坚持与罗密欧的爱情，要走后一条路就要付出高昂的代价，冒极大的危险。但是，当朱丽叶在旧传统与新生活之间做出抉择时，她靠着自己的机智，勇敢，逃避了逼婚。她曾一度迷惘、悲痛、恨与爱交织在一起，但为了维护同罗密欧之间的纯洁爱情，终于果敢地冲破封建束缚，彻底摒弃了封建家族观念，以死殉情而毫无悔恨，显示出她是一个坚定果断的体现了时代精神的资产阶级新女性。

罗密欧也是一个具有人文主义生活理想的新时代的青年。为了追求个人幸福生活，他敢于挣脱封建伦理观念的束缚。他出生于名门贵族，热爱生活，有理想、重友谊。为了纯洁的爱情，他敢于反抗封建制度，视死如归，虽赴汤蹈火亦在所不辞。最后不惜以死冲决封建藩篱，显示了人文主义者为追求幸福生活，实现生活理想的巨大的精神力量。①

呼啸山庄

小说的男主人公希斯克利夫是一个反抗者、叛逆者的形象。他本是一个流浪儿，呼啸山庄的主人恩肖抚养了他。恩肖死后，其子辛德莱象暴君一样对希斯克利夫实行野蛮的肉体折磨，不但剥夺他受教育的权利，还把他降到奴仆的地位，力图使他“下流愚昧”，并且极力割断他与凯瑟琳的爱情。在鞭子下长大的希斯克利夫养成了坚韧倔强的反叛性格。从幼年开始，他就思索着如何向压迫者斗争。当凯瑟琳经不起门第、金钱的诱惑，选择了富有的林惇而抛弃了希斯克利夫后，希斯克利夫一怒之下出去了三年。经过艰苦挣扎，他有了钱，有铁一般的体格和可怕的复仇念头。他不惜用压迫者所采用的残酷手段来进行报复，千方百计地把压迫者的财产弄到自己手中，成了一个凶狠的地主。他怀着对辛德莱和林惇的仇恨，将复仇扩大到他们的孩子身上。当他的复仇目的达到后，精神却走向寂寞和空虚。从希斯克利夫的反抗复仇来看，他是胜利者；但从他的精神追求的归宿来看，却是一场个人主义的悲剧。女主人公凯瑟琳是恩肖的爱女。她倔强、任性，敢于冲破阶级的藩篱，不顾处罚和恫吓，顽强地和“下等人”希斯克利夫共同反抗辛德莱的压迫，反抗宗教禁锢，并把善

① 刘献彪主编：《外国文学手册》，北京：北京出版社，1984年，第268页。

书扔到狗窝里。她和希斯克利夫的爱情就是这种反叛的果实。但凯瑟琳的出身使她爱好虚荣，因而决定和画眉田庄的主人林惇结婚。幻想借林惇家的财富来“帮助希斯克利夫高升”。这当然是不可能的。她这样做，既背叛了心爱的人，也背叛了自己。她的资产阶级偏见，自私和不切实际的幻想，断送了她自己的幸福和生命。她的悲剧既是对资产阶级社会的愤怒控诉，也同希斯克利夫的毫不妥协的反抗精神形成了鲜明的对比。[①]

这两篇编译之文，是将整部小说的主要内容概括翻译而成，令人一看便可大致了解这两部书所传达的信息，不失为一种可取的译法。这种译法包含了编与译双重工作，它的最大特点是不拘泥于原作的内容，便于提炼中心，取其精华，节省篇幅，利于普及。

四、套译

套译是严复所用的又一种译法，他常用我国古代哲人的思想去套译赫胥黎、斯宾塞、斯密、穆勒等人的思想，这种方法常见于他译文的案语中，尤其《天演论》译本中出现的较多。

一些译者在翻译时往往会采用汉语中的成语、习用语去套译原文，这样不但言简意赅，且富于韵味，使译著更具本土色彩。例如：

例 1：Indeed, she rehearsed that exalted part in life with great satisfaction to herself, and to the amusement of old Sir Pitt, who chuckled at her airs and graces, and would laugh by the hour together at her assumptions of dignity and imitations of genteel life.（摘自萨克雷《名利场》第 39 章）

① 刘献彪主编：《外国文学手册》，第 292～293 页。

她扮演尊贵的爵士夫人，结果她自己很满意，老毕脱爵士只觉得滑稽。他看她装模作样，便嘻嘻地笑了起来。有时候她摆足架子，学着时髦太太的气派，乐得那老头儿一笑就笑个把钟头。

例 2：He did not know what his son might turn out to be, but it was always well to have an anchor to windward. （摘自德莱塞《“天才”》第 1 卷第 1 章）

虽说他不知道儿子大了以后究竟会怎样，可是未雨绸缪总没有错儿。

例 3：In short he laughed the idea down completely; and Tom, abandoning it, was thrown upon his beam-ends again for some other solution. （摘自狄更斯《马丁·翟述伟》第 15 章）

总之，他把这主意讥笑得一文不值；汤姆只好放弃了这主意，但又一筹莫展，想不出其它的解决办法。

例 4：The girl refused to marry Smollet, and old Smollet backed her up. Naturally, the parson and the village cut up rough. （摘自高尔斯华绥《岛国的法利赛人》第 2 部第 32 章）

那个姑娘不愿意和史摩莱脱结婚，史摩莱脱老头儿居然支持她。自然啰，牧师和那个村子里的人都气得暴跳如雷。

例 5：It was known to all that the Damon and Pythias of the establishment were Damon and Pythias no longer; that war waged between them, and that if all accounts were true, they were ready to fly each at the other's throat. （摘自特罗洛普《三个小文书》第 15 章）

这公司的两位莫逆之交已经不再莫逆了，这是众所周知的事。他们之间那一场斗法，假如人们的传说不错，那他们已经成了不共戴天之仇了。

上述五个例子中，“装模作样”、“未雨绸缪”、“一筹莫展”、“暴跳如雷”、“莫逆之交”、“不共戴天”等成语的使用，既妥帖原文，又恰到好处，非常具有中国风味。像这样的套译，更能让人觉得是在读中国小说。如按字面直译，则显得笨拙呆板，不够清晰明确，甚至难以做到文从字顺。除此之外，有时亦可用中国俗语或谚语来套译，例如：

例 1：It is only natural that the imperialists will cry down our great achievements, but as the saying goes, “The dogs bark, but the caravan goes on”, we will move on.

自然，帝国主义将会诋毁我们的伟大成就，但如俗语说的，“群狗乱吠，商队照样前进”，我们一定向前迈进。

例 2：It is an old saying that “a little pot is soon hot,” which was the case with William the Testy. Being a little man he was soon in a passion, and once in a passion he soon boiled over. (摘自欧文《荷兰移民后裔的历史》第 4 部第 9 章)

“人小火气大”这句老话恰恰可以用来形容刚愎的威廉。他长的个子小，很快就发起脾气，而且一发脾气就无法控制。

以上两个例子中分别用了“群狗乱吠，商队照样前进”和“人小火气大”两句俗语。这类语言的使用使译文更显生动，前者富有辛辣的嘲讽意味，后者则极具俚俗之趣，诙谐生动，令人会心而笑。总之，与简单直译相比，采用俗语或谚语来套译原文，语言效果大不一样。就套译而言，精通中外语言是基本前提，否则就难奏效。在翻译工作中，此类例子比比皆是，套译得到了普遍认同和践行。

五、意译

意译合乎严复宏观等值翻译观。在翻译中，意译和直译是两个相对的概念。一般来讲，直译指按照字面意义进行翻译，它要求译文和原文在词语的释义和次序上尽量保持一致；意译则是不拘泥于原文字句次序、语法结构而译出要义。关于直译和意译间的关系，是我国翻译史上长期争论的一个问题。这两种译法各具优点，直译可照应到原作的风格，忠实原文内容，而意译则可以保证译文流畅，更符合汉语规范和国人表达习惯。用傅雷的话来讲，前者相当于“形似”，而后者相当于“神似”。

在翻译实践中，意译在口译中用得尤为普遍，受时间限制，译员通常只能边听边译，几乎没有考虑的时间，所以能做到“传意达旨”已是比较理想的结果了。而译者在翻译作品时，由于时间较为充裕，他有必要综合考量各方面的情况，如原著的写作意图、艺术意境，译文的语言风格，读者的思维惯性等，优先选择合适的翻译方法，以期得到一个较为完善的译本。

有比较才有鉴别，意译与直译如何取舍，张今教授在《文学翻译原理》中给出了几个例子，可供参考。

例 1：He was seized with the despairing sense of his helplessness.

[直译] 他被束手无策的绝望感觉抓住了。

[意译] 他忽然产生了束手无策的绝望感觉。

例 2：The communique stirred a belated reaction.

[直译] 公报引起了过晚的反应。

[意译] 公报发表后迟迟才有反应。

例 3：The thought that Mertsalov might have failed was intolerable，agonizing.

[直译] 麦查洛夫可能已经失败的想法是令人不可忍受的，痛苦的。

[意译] 他一想到麦查洛夫可能已经失败，就感到难以忍

受的痛苦。

例 4：（As she went toward the door she said suddenly and incisively："I guess you're always late, now you shave every morning."）That thrust had frightened him more than any vague insinuations about Denis Eady.

[直译] 这一讥讽比邓尼斯·伊迪呀什么的更叫他惊惶。

[意译] 这一枝冷箭比邓尼斯·伊迪呀什么的更叫他惊惶（吕叔湘 译）

例 5：Looking down on the dimly lighted ways one seemed to see a threading maze of brunette ghosts with a procession of insane fireflies.

[直译] 从高处朝着灯光晦暗的街道望去，人们好象可以看见一长条由棕色女鬼组成的迷宫，和一队疯狂的萤火虫交织在一起。

[意译] 从高处朝着灯光晦暗的街道望去，人们好象可以看见一长串蜿蜒前进、扑朔迷离的棕色女鬼，和一队疯狂的萤火虫交织在一起。[①]

毋庸置疑，张今先生给出的这几个例子，从语言和艺术上考虑，意译明显优于直译。这也提醒我们，译者应努力提升自己的文化修养和语言能力，这样才能译出如严复先生那样“信达雅”兼备的作品。当然，这并不是说直译一定就不可取，只要能忠实地反映原文的思想内容，又不至背离中文的叙述方式，那么，直译、意译均可采用，悉听译者自便。

反过来，译者在将中文翻译成外文时，有时会涉及古文的翻译。我们知道，古文和白话文之间存在词义上的变迁和语法上的差异，故译者在用外语翻译古文时，一般会先用现代人的思维方

① 以上五例选自张今：《文学翻译理论》，第 214～215 页。

式将古文转换为白话文，再转译成外文。这就涉及一个对古文进行重新组织的过程，如将倒装句改成正常语序，将省略的成分补足等，这其实就是意译的一种表现形式。可以说，将古文译成外文，需要经过两重意译。钱歌川教授对古文翻译有一定造诣，他的译文通达流畅，让人觉得豁然开朗。

例1：画蛇添足：楚有祠者，赐其舍人卮酒。舍人相谓曰："数人饮之不足，一人饮之有余。请画地为蛇，先成者饮酒。"一人蛇先成，引酒且饮之，乃左手持卮，右手画蛇，曰："吾能为之足！"未成！一人之蛇成，夺其卮，曰："蛇固无足，子安能为之足?"遂饮其酒。为蛇足者，终亡其酒。

A native of Chu after worshiping his ancestors gave his retainers a pot of wine. One of the retainers said, "It's insufficient for all of us, but too much for one of us. I suggest, therefore, that we draw snakes on the ground, and the one who first finishes drawing the snake will win the pot of wine." When one retainer had completed his drawing, he took the pot to drink. As he held it in his left hand, he continued to draw the snake with his right hand, saying: "I can add feet to it." While he was adding feet to his snake, another man who had then drawn his snake snatched the pot from his hand, protesting: "No snake has feet. How can you add feet to it?" Then he drank the wine. The man who added feet to the snake lost his prize at last. ①

例2：嗟来食：齐大饥，黔敖为食于路，以待饿者而食之。有饿者蒙袂辑屦，贸贸然来，黔敖左奉食，右执饮曰："嗟！来食。"扬其目而视之曰："予惟不食嗟来之食，以至于

① 钱歌川：《翻译的技巧》，第410页。

斯也。”从而谢焉，终不食而死。曾子闻之曰：“微與，其嗟也可去，其谢也可食。”

There was a severe famine in Chi. Chien Ao had food ready at the roadside for the starvelings to eat. A famished man appeared staggeringly, covered his face with the sleeve because of shame, and his shoes in hand as he was too weak to wear them. He was halted by Chien Ao, who held food in his left hand and drink in the right, saying: “Holla, come, you.” The man raised his eyes and looked at him. “I have become thus only because I don't want to eat anything given in such a manner.” he said. So Chien Ao made an immediate apology to him for not being so polite at first, but still the man refused to take any food and died with hunger at last. On hearing this, Tseng Tzu said, “It's a pity for him to do so. He might have gone away when offered food as alms, but he should have eaten when apologized.”①

钱教授这两篇译文，可称得上是上乘之作。意译可达“神似”之效，不失为一种值得推广的译法。

六、雅译

译文对“雅”的要求不是强制性的，要视原作的具体情况而定。原作如雅，译文亦雅，原作如俗，译文亦不妨俗点，这才算尽译书人之能事。严复译作优雅，总给人一种美的享受，如《天演论》开篇写道：“赫胥黎独处一室之中，在英伦之南，背山而面野。槛外诸境，历历如在几下。乃悬想二千年前，当罗马大将恺彻未到时，此间有何景物……”一瞬间予人一种宏阔深邃的历史感。

---

① 钱歌川：《翻译的技巧》，第411页。文字略有改动。

近代以来，我国出版了不少优秀的翻译作品，夏济安先生翻译的霍桑（Nathaniel Hawthorne）《古屋杂忆》（*The Old Manse*），堪称“雅译”中的一例。

霍桑：Between two tall gateposts of rough-hewn stone (the gate itself having fallen from its hinges at some unknown epoch) we beheld the gray front of the old personage terminating the vista of an avenue of black ash trees. It was now a twelve month since the funeral procession of the venerable clergyman, its last inhabitant, had turned from that gateway towards the village burying-ground. The wheel-track leading to the door, as well as the whole breadth of the avenue, was almost overgrown with grass, affording dainty mouthfuls to two or three vagrant cows and an old white horse who had his own living to pick up along the road-side. The glimmering shadows that lay half asleep between the door of the house and the public highway were a kind of spiritual medium, seen through which the edifice had not quite the aspect of belonging to the material world. Certainly it had little in common with those ordinary abodes which stand so imminent upon the road that every passer-by can thrust his head, as it were, into the domestic circle. From these quiet windows the figures of passing travelers looked too remote and dim to disturb the sense of privacy. In its near retirement and accessible seclusion it was the very spot for the residence of a clergyman, a man not estranged from human life, yet enveloped in the midst of it with a veil woven of intermingled gloom and brightness. It was worthy to have been one of the time-honored parsonages of England in which, through many generations, a succession of holy occupants pass from youth to age, and bequeath each an inheritance of sanctity to pervade the house and hover over it as with an atmosphere.

夏译：一条大路，两旁白蜡树成林，路尽头可以望见牧师旧宅的灰色门窗，路口园门的门拱已不知在哪一年掉下来了，可是两座粗石雕成的门柱还巍然矗立着。旧宅的故主是位德高望重的牧师，现已不在人世，一年前，他的灵柩从园门里迁出，移向村中的公墓，也有不少人执拂随行。园门里的林荫大路和宅门前的马车道，杂草蔓生，偶尔有两三只乌鸦飞来，随意啄食，在路傍觅食的那头老白马，也可以在这里吃到几口可口的美餐。宅门和公路之间，都是隐约朦胧的树影，远远望去，似乎人鬼异世，这座旧宅也不是属于这个世界的了。通常贴近路旁的住宅房子，看上去总是亲切近人，行人路过，似乎觉得伸进头去即可看到家庭融泄之乐，这座宅子的气象，可大不相同。这里环境十分幽静，从窗子望出去，一片静穆，即使有人路过，也像是模模糊糊，隔了一个世界，不足以扰乱宅内的宁静。这样一个地方，离开村子不远，又如此僻静，正是适合于牧师的住宅，牧师先生不能远离人群，可是他虽结庐人境，他生活的周围似乎罩上一层明暗夹杂的幕，其神秘不是凡人所能窥测的。一座房子能够成为世代相传牧师之家，是很幸运的。那位任圣职的屋主，在这里从青春住到老年，再将房子传给下一代的牧师，自有一种圣洁之气，四周弥漫，上下笼罩，与俗人之所居，也就大异其趣了。

这段译文在当时很受赞赏，林以亮先生给予了这样的评价：

"读者在读了原文之后，再回过头去读译文，就会立刻觉得原作的一股'圣洁之气'跃然于纸上。这再也不是普普通通的翻译，而是原作美感经验的再度创作。我们如果拿原作和译文再多读几遍，就会觉得译者和原作者达到了一种心灵上的契合，这种契合超越了空间和时间上的限制，打破了种族上和文化上的樊篱，在译者而言，得到的是一种创造上的满足；在读者而言，得到的则是一种新奇的美感经验。"①

雅译以译诗居多。诗歌不但意美，而且音美、形美。以"雅"译"雅"是再好不过了。丰华瞻先生是我国诗歌翻译大家，他译的诗优美隽永，例如：

雪莱：And, by the incantation of this verse,
Scatter, as from an unextinguish'd hearth
Ashes and sparks, my words among mankind!
Be through my lips to unawaken'd earth
The trumpet of a prophecy! O Wind,
If Winter comes, can Spring be far behind?

丰译：请你把我的诗篇，散播在普天之下，
像从未灭的火炉，吹出热灰和火花！
请把我的醒世预言，传播到地角天涯！
哦，西风啊，冬天来了，春天还会远吗？

这首诗是英国著名诗人波西·比希·雪莱（Percy Bysshe Shelley）于1819年写的《西风曲》（*Ode to the West Wind*）的最后几行诗，丰华瞻先生的译文有声有色，音调铿锵，令人心旷神怡。但是，也有人是这样译的：

你请用我这有韵的咒文，

---

① 林以亮：《翻译的理论与实践》，见罗新璋、陈应年编：《翻译论集（修订本）》，第855～857页。

把我的言辞散布人间，
如像从未灭的炉火吹起热灰火烬！
请你从我的唇间吹出醒世的警号！
严冬如来时，哦，西风哟，
阳春宁尚迢遥？[①]

这首译诗刻意追求语言上的文雅，但反失之僵硬，灵性不足，不如丰华瞻的有韵味。此外，有些词过于追求忠实原文，如将“incantation”译为“咒文”，将“trumpet of a prophecy”译为“醒世的警号”，让人觉得枯涩呆滞。

本节大致介绍了严复“五三译论”在翻译实践中的应用情况，如沈苏儒先生所言，严复翻译理论具有实践指导意义，具有强大的生命力。显然，严复译论并未过时，仍是当下实用的翻译理论。

第三节 研究课题

《天演论》木刻本于1898年由湖北沔阳卢氏慎始基斋初版，是严复最早出版的译著。从那时起，围绕着严复译作的各种争论从未间断，可谓众说纷纭，其中不乏一些杂音。概而言之，相关争议主要集中在严复的译法和译论上，下面略为陈说。

一、译法之疑

有些观点认为，严复的“非正法”翻译不是翻译，而是以“作”代“译”。持这种观点的人不在少数。但如从实用性的角度看，严复这种“非正法”翻译仍然是不可或缺的，在当今翻译理

① 丰华瞻：《诗歌翻译的几个问题》，见罗新璋、陈应年编：《翻译论集（修订本）》，第893～894页。

论中应占有一席之地。

1998年黄忠廉教授发表《重识严复的翻译思想》一文，他在文中提到“非正法”为“翻译变体”这样的观点。[①] 笔者认为这种说法有待商榷，所谓“翻译变体”，指的应该是文体的变化，即译文的文体与原作不同。只有出现这种情况，才能称之为“翻译变体”。譬如，《天演论》中有一首诗，严先生是这样译的：

赫胥黎：All nature is but art，unknown to thee.
All chance，direction which thou canst not see.
All discord，harmony not understood.
All partial evil，universal good.
And spite of pride，in erring reason's spite.
One truth is clear：whatever is right.

严译：元宰有秘机，斯人特未悟，
世事岂偶然，彼苍审措注，
乍疑乐律乖，庸知各得所？
虽有偏沴灾，终则其利溥。
寄语傲慢徒，慎勿轻毁诅。
一理今分明，造化原无过。[②]

英国著名诗人朴伯（Alexander Pope）写的《人论》（*An Essay on Man*）是六行十二句诗。严先生以我国五言诗体分六行十二句译之，仅押韵形式与原诗有所不同。可见，诗还是诗，文体并无改变。但若把诗歌译成散文，那就真成了“翻译变体”了。

二、标准之争

黄忠廉教授指出：“译中有写，译中有编，译述与综述结合，

① 黄忠廉：《重识严复的翻译思想》，《中国翻译》1998年第2期。
② ［英］托马斯·赫胥黎著，严复译：《天演论》，第124、193页。

原著已不再是原本，而是多本的融合，在这种背景下，能谈信达雅?!”①

一百多年来，关于严译是否遵循“信达雅”的问题，一直争论不休。笔者认为严复采用的是“非正法”翻译，无法简单用“信达雅”这个标准来评判，译著只要在宏观上不背离原作的精神或要旨，也并非不可。如节译、编译、译述等都是翻译的形式，而这些是无法完全用“信达雅”来衡量的。

值得指出的是，我们应该多关注“信达雅”这一提法是否准确、是否有助于翻译，不应过分纠缠严译是否“信达雅”的问题，这样讨论下去是没有止境的。

三、译著之问

黄忠廉教授在《重识严复的翻译思想》一文中写道：“比读严译与原作，发现其文很美，其义不信，这种现象又该如何对待？有悖于原作却又受读者欢迎的译作有无存在的必要？一种从信守原语文化到趋向译语文化的审视态度妥当与否？值得三思。”②

谈到严复译著，黄教授一下子提出了三个问题让我们去思考。从译事学习和译史研究的角度看，严复译著堪称经典，这是我国翻译史上的杰作。严复译著不断再版，这就说明严复译著是有生命力的。正因如此，关于严复的译论之思、译著之问才值得学界进一步研究。

本章介绍了严复“五三译论”在翻译实践中的应用，是否有充足的说服力，需请读者明鉴。实践表明，严复译论是我国翻译理论之母，对我国翻译工作具有指导意义，严复为我国翻译理论体系建设做出了重要贡献。

---

① 黄忠廉：《重识严复的翻译思想》。

② 黄忠廉：《重识严复的翻译思想》。

第十章　译学泰斗的启示

众所周知，严复是我国译界泰斗，他一生勤于译事，为后世留下了宝贵的文化遗产。皮后锋先生评价严复的翻译事业称："在近代中国，严复独立翻译了横跨众多学科而又自成体系的西学著作，终结了西译中述的翻译方式，成为西学东渐的转折点。其精美典雅的'严译名著'，融传播西学、整理国故、表达政见于一体，既在当时产生了重大社会影响，也是留给后世的宝贵文化遗产。在翻译过程中，严复结合其本人翻译实践，提出了'信、达、雅'的翻译标准，成为中国近代翻译理论的奠基石，至今为广大翻译工作者所遵循。可以说，其精深的中西学造诣与传播西学的卓越贡献，已成为中国翻译界一座不易逾越的高峰，是当之无愧的'译界泰斗'。"① 那么，我们从他留下的文化遗产中可得到什么启示呢？笔者认为，主要有四点：一是"翻译契合文化"，二是"译事一丝不苟"，三是"译道开拓创新"，四是"信念矢志不渝"。这四点恰好是当下我国部分翻译工作者的不足之处，理应成为我们努力的方向。

---

①　皮后锋：《严复大传》，第 374 页。

第一节 翻译契合文化

就我国当下的一些翻译工作而论，还是沿袭那种“为翻译而翻译”的做法，尚未达至“以翻译沟通中西文化”的高度。值得指出的是，“以翻译沟通中西文化”并不仅仅意味着翻译西方的作品，而是在翻译中“集中西文化于一炉”。这一点，严复做得天衣无缝，譬如：

斯宾塞：We see this with emotions of all orders. How greatly maternal affection falsifies a mother's opinion of her child, every one observes. How those in love fancy superiorities where none are visible to unconcerned spectators, and remain blind to defects that are conspicuous to all others, is matter of common remark. Note, too, how, in the holder of a lottery-ticket, hope generates a belief utterly at variance with probability as numerically estimated; or how an excited inventor confidently expects a success which calm judges see to be impossible. That "the wish is father to the thought," here so obviously true, is true more or less in nearly all cases where there is a wish. And in other cases, as where horror is aroused by the fancy of something supernatural, we see that in the absence of wish to believe, there may yet arise belief if violent emotion goes along with the ideas that are jointed together.

严译：以上所指诸惑，凡情皆然，不独恐怖喜怒而已。浅而言之，如父母于子，衡鉴都差，古今同慨。男女相悦，此以为美，彼以为才，而旁观湛然，无丝毫才美之可见。又如购买彩票之家，所操至狭，所愿至奢，虽得失之数，显然可知，而终不悟。制新机者，则自诡必行，初服官者，恒谓国不足治，故谚曰："希望者思虑之母。"即此谓耳。他如崇信敬畏，亦情感见端，由来宗教鬼神之事，恒违其实，往往因其虚妄，而生恐怖，情之既过，虽断体剺面，亦所不辞。此亦二意相守而情动与偕之端也。[①]

句中"the wish is father to the thought"（"希望什么就信什么"）是西方的谚语，出自莎士比亚剧作《亨利四世》（*Henry Ⅳ*）。莎士比亚原话是"Thy wish was father，Harry，to that thought：I stay too long by thee，I weary thee"（"你因为存着那样的愿望，哈利，所以才会发生那样的思想。我耽搁得太长久，害你等得厌倦了"）。[②] 严复将之译为"希望者思虑之母"，非常典雅贴切，这是集中西文化于一炉的典型例子。

这一例子告诉我们，翻译一定要结合中西文化，以便译作能更"接地气、贴心灵"。当下，我国一些翻译工作者不太注意这个问题，使译作失去了中西文化的韵味，例如：

乔叟：The bente moone with hire horne pale，
Saturne and Jove in Cancro joyned were，
That swych a rayn from heven gan avale，
That every maner womman that was there，
Hadde of that smoky reyn a verray feere.

有人译为：

弯弯的新月挂着苍白的角，

① ［英］赫伯特·斯宾塞著，严复译：《社会学研究》，第205～206、234页。

② 谢金良主编：《西方文学典故词典》，北京：中国展望出版社，1986年，第353页。

土星和木星在蟹座相交。
于是这样的大雨从天上倾泻下来，
以至于在场的每一个女人，
对于那冒烟的雨都不胜害怕起来。[①]

这是英国诗人乔叟（Geoffrey Chaucer）写的一段诗，为了音韵和形式的需要，这段诗中有的词有意出错，如“bent”写为“bente”，“moon”写为“moone”等。乔叟的诗比较难懂，我国曾有人翻译了这段诗。原诗中的“smoky reyn”被译为“冒烟的雨”，雨当然不会冒烟，这仅是诗人对事物的独特感受。张今先生将之改译为“烟雾蒙蒙的大雨”，就比较符合一般人的直观感受。且此情此景，非常具有中华文化的诗意色彩。

在中西文化的结合上，我国一些著名翻译家就做得很好，如鲁迅、茅盾、傅雷、钱锺书、吕叔湘等。1943年，莫斯科外文出版社出版了由伊丽莎白·唐纳利（Elizabeth Donnelly）用英文翻译的瓦西里·格罗斯曼（Vassili Grossman）的中篇小说《人民是不朽的》（*The People Immortal*），其中有一段，茅盾先生译得很有中华文化的韵味，不妨读一下：

格罗斯曼：And everything, everything in the house—the kitchen table with the round black marks of hot iron pots, the green washstand with the white daisies painted on it, the cupboard with the cups from which no one ever drank, the dark pictures on the wall—everything spoke of a long life that had been lived in this now tenantless house, of the granddad and granny, of the children who pored over their textbooks at the table, of quiet winter and summer evenings.

茅盾译：里面每一物件，屋子里每一物件——曾被灼热

① 张今：《文学翻译原理》，第227～228页。

的铁壶烫起了圆的黑印的厨房里的桌子，有白色雏菊的绿色的洗脸台，放着从没有用过的杯子的杯碟橱，挂在墙头的旧画片——这一切物件都诉说了这一座现在没有人住的屋子有过如何久长的历史，都诉说了乃祖考妣以至在桌上留下了他们的教科书的孙儿女们曾经如何生活于斯，曾经度过了多少安静的严冬炎夏的黄昏。①

茅盾先生将两处“spoke”译成“诉说”，是很吻合当时苏联卫国战争实情的。这篇译文，可以说是对德国法西斯罪行的控诉，令人读后感到无比愤慨。

综上所述，翻译与文化是一种联袂关系，两者不应独来独往，而应携手前行，使译作行而致远。严复是将翻译与文化结合在一起的翻译大师，是后人学习的楷模。

第二节　译事一丝不苟

在《天演论·译例言》中，严复说：“一名之立，旬月踟蹰。”可见，他对译事所持的态度是一丝不苟的。譬如，就翻译约翰·穆勒的《群己权界论》这部名著而言，他对“liberty”一词就做过认真的对比研究。他在《群己权界论·译凡例》中说：

或谓：“旧翻自繇之西文 liberty 里勃而特，当翻公道，犹云事事公道而已。”此其说误也，谨案：里勃而特原古文作 libertas 里勃而达，乃自繇之神号，其字与常用之 freedom 伏利当同义。伏利当者，无挂碍也，又与 slavery 奴隶、subjection 臣服、bondage 约束、necessity 必须等字为对义。人被囚拘，英语曰 to lose his liberty 失其自繇，不云失其公道也。

① 张今：《文学翻译原理》，第 188～189 页。

释系狗，曰 set the dog at liberty 使狗自繇，不得言使狗公道也。公道西文自有专字，曰 justice 札思直斯。二者义虽相涉，然必不可混而一之也。西名东译，失者固多，独此天成，殆无以易。[①]

文中详细分析了自由、公道二词之区别，辨析或说之误。正因为有这样的态度，他的译作才能流传不替。又如：

斯宾塞：Over his pipe in the village ale-house, the laborer says very positively what Parliament should do about the "foot and mouth disease." At the farmer's market-table, his master makes the glasses jingle as, with his fist, he emphasizes the assertion that he did not get half enough compensation for his slaughtered beats during the cattle-plague. These are not hesitating opinions. On a matter affecting the agricultural interest, statements are still as dogmatic as they were during the Anti-Corn-Law agitation, when, in every rural circle, you heard that the nation would be ruined if the lightly-taxed foreigner was allowed to compete in our markets with the heavily-taxed Englishman: a proposition held to be so self-evident that dissent from it implied either stupidity or knavery.

严译：每岁田功告隙，三五佃佣，衔烟斗，扬酒卮，箕坐山村酒肆间，盛气高谈。言牛疫盛行，议院毫无补救之术，农头揎拳抵几，杯盏铿然。骂今岁屠牛，利入曾无往时之半，皆当官不恤民依之所致也。更论农商利病，辄云某事当兴，某令当废，极口无所疑难，气象大似护商律初罢时。当彼时乡民皆言，本国税重，使此令果除，将他国轻税之货，源源入市，与本国重赋者竞。事如此，有不知其妨民病国者，非

① ［英］约翰·穆勒著，严复译：《论自由》，第 2 页。

妄则愚耳。[①]

严复的这段译文，不但文字优美雅训，且意思完整，无错译漏译，堪称佳作。在他之后，我国出了不少翻译家，他们对译事兢兢业业、一丝不苟，郭大力就是其中一位，他翻译的《资本论》影响深远，这与他严谨的行事作风是分不开的。1938 年，他在《〈资本论〉译者跋》中写道：

> 我们根据的版本，是马恩研究院校正过的德文本。我们所加的若干附注，大都是根据这个版本实行的。虽然这个版本也有若干排印上的错误，但它要算是最新的了。此外，我们还参照了两种英文译本和两种日文译本，不过当中只有一种英译本和一种日译本是完全的。在格式方面，我们尽量保持原版的特色。在行文方面，我们尽量使其流畅，但当然，每一个地方，我们都顾虑到了，要使它的文句，不致于弄差它的意义。我们努力了，但这个努力的结果的估价，不是我们的事。[②]

吕叔湘亦如此，如：

> The captaincy in the Hampshire grenadiers was not entirely useless to the historian of Roman Empire; long years in the service of Shaftsbury were vital to the thought of Locke; and the election campaigns for the London County Council taught Graham Wallace a good deal he could not have learned in books about human nature in politics.
>
> 在 H. 郡的掷弹兵里当上尉，对于罗马史家不是完全无用；在 Shaftsbury 城服务多年，对于洛克的思想极为重要；

---

① ［英］赫伯特·斯宾塞著，严复译：《社会学研究》，第 26 页。

② 郭大力：《〈资本论〉译者跋》，见罗新璋、陈应年编：《翻译论集（修订本）》，第 513 页。

伦敦市议会的竞选教给格拉罕·瓦勒斯许多东西，是他在论政治中的人性的书本上所不能得到的。

这是吕叔湘一位朋友翻译英国作家拉斯基（H. J. Laski）的一篇文章中的一段话，这位朋友不知道掷弹兵上尉为什么对罗马史家有用。吕叔湘指出，这里的“罗马史家”不是泛指，而是《罗马帝国衰亡史》的作者吉朋，吉朋曾于1759—1763年在H.郡民团里当过上尉。另外，他说：“第二第三分句也不是全无问题。Shaftsbury在这里不是地名，是人名，指的是Shaftsbury伯爵，是查理二世时代的权臣，洛克曾经当过他的医官，并由他的力量做过好几任官，一直在他门下十几年。Graham Wallace曾经写过一本书，就叫《政治中的人性》，1908年出版。”[①] 这表明，翻译不出错，除了要广泛涉猎各学科知识外，还要有一丝不苟的严谨作风。

翻译作品，需要字斟句酌的审慎作风，近百年来，我国译坛出了不少好的作品，杨必翻译的《名利场》（Vanity Fair）、吕叔湘翻译的《伊坦·弗洛美》（Ethan Frome）等，就是经典案例。杨必译的《名利场》中有一段话，不仅严谨，且富有艺术色彩。

Poor little tender heart! And so it goes on hopping and beating, and longing and trusting.

可怜这温柔的小姑娘，一颗心抖簌簌的跳个不停。她左盼右盼，翘首等待，对情人想念不已，深信不疑。[②]

杨必先生把姑娘的心摸透了，下笔是这样的精准，令人读后都为这姑娘着急。吕叔湘先生译的《伊坦·弗洛美》也是如此，其中有这么一段话：

---

① 吕叔湘：《翻译工作和“杂学”》，见罗新璋、陈应年编：《翻译论集（修订本）》，第594～595页。

② 张今：《文学翻译原理》，第163页。

She broke in: "You're neglecting the farm enough already," and this being true, he found no answer, and left her time to add ironically: "Better send me over to the alms house and down with it... I guess there's been Fromes there afore now."

细娜打断她的话："得了，地里活已经干得够马虎了。"这倒是句实话，伊坦也没有话说。她顿了顿又语带讥讽的找补一句："倒不如把我送到救济院里去，万事大吉……我看，弗洛美家里头住救济院的，我也不是头一个。"①

吕先生的这段译文，切合原作的风格，十分口语化。若没有经过精心的语言锤炼，是显示不出这样的效果的。翻译是一项极为细致的工作，来不得半点差错，故精益求精应成为伏案工作之人的基本作风。

第三节　译道开拓创新

严复善于"引喻设譬"于翻译之中，这不但是他的译法创新，也是他表达个人意见的一种方式，如他自己所说："中间义旨，则承用原书；而所引喻设譬，则多用己意更易。"② 对于这种译法，贺麟曾予评价："他这种'引喻举例多用己意更易'的译法，实在为中国翻译界创一新方法。我们可称之曰'换例译法'。若能用得恰当，也是译外国书极适用的方法。近年如费培杰所译《辩论术之实习与理论》，廖世承译的《教育之科学的研究》，都是采用这

① 张今：《文学翻译原理》，第164页。

② 严复：《〈名学浅说〉译者自序》，见罗新璋、陈应年编：《翻译论集（修订本）》，第212页。

种更易例子的译法。”[1] 例如，斯宾塞《群学肄言》中有这么一段话，严复是这样译的：

斯宾塞：To make better the parallel，and further to explain the nature of the Social Science，we must say that the morphology and physiology of Society，instead of corresponding to the morphology and physiology of man，correspond rather to morphology and physiology in general. Social organisms，like individual organisms，are to be arranged into classes and sub-classes—not，indeed，into classes and subclasses having anything like the same definiteness or the same constancy，but nevertheless having likenesses and differences which justify the putting of them into major groups most-markedly contrasted，and，within these，arranging them in minor groups less-markedly contrasted. And just as Biology discovers certain general traits of development，structure，and function，holding throughout all organisms，others holding throughout certain great groups，others throughout certain sub-groups these contain；so Sociology has to recognize truths of social development，structure，and function，that are some of them universal，some of them general，some of them special.

严译：天演之界说曰：“天演者，翕以合质，辟以出力，由纯一而为错综，由浑而之画，质相力含，相剂为变者也。”此皆于群之进演而见之。群之由小而为大也，分官任职之局，必由简而渐繁。最初之群，其数必少，而不相系属，无上下之相制，而不统于一尊。故有长之群必众，而有纪纲系属之

① 贺麟：《严复的翻译》。

> 可言，制治之权，定而能久，凡此之谓判分。判分者，天演之首事也。以有判分，故群之始纯而无异者，浸假乃见异焉，而见异之情，莫先于分主治与受治者，分能制与所制者，此群演发轫之大经也。[①]

这段译文中，严复就采用了“引喻设譬多用己意更易”的译法，以赫胥黎的天演之说来诠释斯宾塞所述的社会阶层演进，突破了传统译法的藩篱，这既便于读者体悟斯宾塞的学说，也有利于不同学说间的交流和对照。此外，诸如附加案语之类，也是严复在译法上的创新。

严复离开我们已经快一百年了，而近一个世纪的翻译理论，主要仍是沿着他所确立的轨迹前进，其间固然有不少创新，但在具体翻译实践中也时而出现“有一字一句就译一字一句”的译法，生怕遗漏了什么内容，不敢取舍。这种僵化的翻译思维，既不实用，也阻碍了翻译理论的进步。

笔者认为，译法的创新，首先是翻译思想的解放。只要做到“信达雅”，具体译法译者可自行选择。西方谚语“条条大路通罗马”讲的就是这个意思。综观近些年的译作，译法上尚未有实质性突破。笔者借此提出一点不成熟的意见，看能否为找到“译法创新”的突破口提供一点借鉴。笔者阅读近年来的外国文学译作，觉得缺乏一点时代气息，能不能想办法在译法上补救一下呢？笔者认为这是有可能的，如：

> ... said Mr. Micawber, in another burst of confidence, “that you might lose yourself—I shall be happy to call this evening and install you in the knowledge of the nearest way.”

这是英国小说家查尔斯·狄更斯（Charles Dickens）在1849年创作的长篇小说《大卫·科波菲尔》（*David Copperfield*）中

---

① ［英］赫伯特·斯宾塞著，严复译：《社会学研究》，第78、95～96页。

的一段文字，笔者尝试着译作：

密考伯大人别有闲情逸致，曰：“尔无乃失涂邪？今夕吾往适汝，语汝捷径。”

译文用浅近文言为之，带有浓厚的19世纪气息，让读者觉得古色古香。值得注意的是，并不是通篇都要这样译，恰到好处就收。否则，就可能将译作引入复古之“胡同”。若是21世纪的文学作品，可否选用一些带有这个时代气息的词来译呢？笔者看来，这也未必不可，如：

I remember when we just got into California from Arizona to pick up the carrot harvest. It was very cold and very windy out in the fields. We just had a little old blanket for the four of us kids in the tent. We were freezing our tail off, so I stole two brand-new blankets that belonged to a grower. When we got under those blankets it was nice and comfortable. Somebody saw me. The next morning the grower told my mom he'd turn us in unless we gave him back his blankets—sterilized. So my mom and I and my kid brother went to the river and cut some wood and make a fire and boiled the water and she scrubbed the blankets. She hung them out to dry, and ironed them, and sent them back to the grower. We got a spanking for that.

我记得刚从亚利桑那州到加利福尼亚州去收胡萝卜的时候，那一天冷极了，地里风又非常大。我们四个孩子在帐篷里只有一条很小的旧毯子，冻得浑身直打哆嗦。我就去偷了农场老板两条新毯子。盖着这几条毯子多美，多舒服呀。有人看见我了。第二天农场老板告诉娘把毯子洗干净消了毒送回去，否则他就去告我们。于是娘和我还有小弟弟到河边砍了点柴禾，升了火把水烧开。娘洗着毯子，娘把毯子晾干，烫平给农场老板送回去。为了这件事我们还挨了一顿揍。[①]

文中“grower”原译为“农场主”，如改译为“农场老板”，时代气息便更显浓厚。当然，通过语言、词汇等尽力使译文凸显时代气息，只是译法创新的一种尝试，究竟效果如何，有待观望。

总之，严复的译法启示我们，只有在翻译上不断创新，服务读者需求，满足读者体验，译作才有生命力。

第四节 信念矢志不渝

甲午战争后，中华民族面临生死存亡的危急关头，一场救国强民运动应运而生。严复不但积极投入这场运动，而且以“救国强民”作为他矢志不渝的信念。

从 1895 年开始，严复先后在《直报》上发表《论世变之亟》、《原强》、《辟韩》、《救亡决论》等一系列政论文章，提出“鼓民力、开民智、新民德”的政治主张，不但惊动了朝野，而且激发了民众的爱国热情，为后来的五四运动提前打下了舆论基础。

“托译言志”，是严复救国强民的行事方略。他在《救亡决论》中说：“中国地大民众，谁曰不然，然地大在外国乃所以强，在中国正所以弱；民众在外国乃所以富，在中国正所以贫。救之之道，非造铁道用机器不为功；而造铁道用机器，又非明西学格致必不可。是则一言富国阜民，则先后始终之间，必皆有事于西学，然则其事又曷可须臾缓哉！”[②] 基于此，他先后译出多部西方思想名著。其中《天演论》犹如一声春雷响彻中国大地，为中国维新运

① 范仲英：《实用翻译教程》，第 30～31 页。

② 见《严复集》，第 48 页。

动提供了指导性理论。

到了晚年，他仍不忘国家，心系人民，他在给子女的遗书中写道：

> 须知中国不灭，旧法可损益，必不可叛。
>
> 须知人要乐生，以身体健康为第一要义。
>
> 须勤于所业，知光阴时日机会之不复更来。
>
> 须勤思，而加条理。
>
> 须学问，增知能，知做人分量，不易圆满。
>
> 事遇群己对待之时，须念己轻群重，更切毋造孽。
>
> 审能如是，自能安平度世。即不富贵，亦当不贫贱。贫贱诚苦，吾亦不欲汝曹傚之也。余则前哲嘉言懿行，载在典策，可自择之，吾不能覼缕尔。①

严复的一生，救国强民的信念矢志不渝。他的一生，是爱国为民的一生，是改革创新的一生。严复的事迹启示我们：有国家才有个人，国强才有自尊，国富才有民生，爱国才能御敌。

当今世界形势复杂多变，中华儿女要向严复学习，与时俱进，坚定信念，同心同德，齐心协力建设好祖国。从事翻译工作的同志，更应该向世界讲好中国故事，向国人讲好世界故事。

---

① 见《严复集》，第360页。

附　录

严复对翻译有自己的独到见解，但他专论翻译理论的文字却不多。为了解他对翻译的真实看法，兹将他的几篇短文作为附录，取与好学深思者，备扬榷讨论之参考。

一、《天演论》译例言[①]

一、译事三难：信、达、雅。求其信已大难矣，顾信矣不达，虽译犹不译也，则达尚焉。海通已来，象寄之才，随地多有，而任取一书，责其能与于斯二者，则已寡矣。其故在浅尝，一也；偏至，二也；辨之者少，三也。今是书所言，本五十年来西人新得之学，又为作者晚出之书。译文取明深义，故词句之间，时有所颠到附益，不斤斤于字比句次，而意义则不倍本文。题曰达旨，不云笔译，取便发挥，实非正法。什法师有云：学我者病。来者方多，幸勿以是书为口实也。

一、西文句中名物字，多随举随释，如中文之旁支，后乃遥接前文，足意成句。故西文句法，少者二三字，多者数十百言。假令仿此为译，则恐必不可通，而删削取径，又恐意义有漏。此在译者将全文神理融会于心，则下笔抒词，自

① ［英］托马斯·赫胥黎著，严复译：《天演论》，第13～14页。

善互备。至原文词理本深，难于共喻，则当前后引衬，以显其意。凡此经营，皆以为达，为达即所以为信也。

一、《易》曰：修辞立诚。子曰：辞达而已。又曰：言之无文，行之不远。三者乃文章正轨，亦即为译事楷模。故信、达而外，求其尔雅。此不仅期以行远已耳，实则精理微言，用汉以前字法、句法，则为达易；用近世利俗文字，则求达难。往往抑义就词，毫厘千里，审择于斯二者之间，夫固有所不得已也，岂钓奇哉！不佞此译，颇贻艰深文陋之讥，实则刻意求显，不过如是。又原书论说，多本名数格致及一切畴人之学，倘于之数者向未问津，虽作者同国之人，言语相通，仍多未喻，矧夫出以重译也耶？

一、新理踵出，名目纷繁，索之中文，渺不可得，即有牵合，终嫌参差。译者遇此，独有自具衡量，即义定名。顾其事有甚难者，即如此书上卷导言十余篇，乃因正论理深，先敷浅说，仆始翻“卮言”，而钱塘夏穗卿曾佑病其滥恶，谓内典原有此种，可名“悬谈”。及桐城吴丈挚甫汝纶见之，又谓“卮言”既成滥词，“悬谈”亦沿释氏，均非能自树立者所为，不如用诸子旧例，随篇标目为佳。穗卿又谓：如此则篇自为文，于原书建立一本之义稍晦。而悬谈、悬疏诸名，悬者玄也，乃会撮精旨之言，与此不合，必不可用。于是乃依其原目，质译“导言”，而分注吴之篇目于下，取便阅者。此以见定名之难，虽欲避生吞活剥之诮，有不可得者矣，他如物竞、天择、储能、效实诸名，皆由我始。一名之立，旬月踟蹰。我罪我知，是在明哲。

一、原书多论希腊以来学派，凡所标举，皆当时名硕，流风绪论，泰西二千年之人心民智系焉，讲西学者所不可不知也。兹于篇末，略载诸公生世事业，粗备学者知人论世

之资。

一、穷理与从政相同，皆贵集思广益。今遇原文所论，与他书有异同者，辄就谫陋所知，列入后案，以资参考。间亦附以己见，取《诗》称嘤求，《易》言丽泽之义。是非然否，以俟公论，不敢固也。如曰标高揭己，则失不佞怀铅握椠，辛苦迻译之本心矣。

一、是编之译，本以理学西书，翻转不易，固取此书，日与同学诸子相课。迨书成，吴丈挚甫见而好之，斧落征引，匡益实多。顾惟探赜叩寂之学，非当务之所亟，不愿问世也。而稿经沔阳卢君木斋借钞，劝早日付梓。邮示介弟慎之于鄂，亦谓宜公海内，遂灾枣梨，犹非不佞意也。刻讫寄津覆斠，乃为发例言，并识缘起如是云。

光绪二十四年岁在戊戌四月二十二日严复识于天津尊疑学塾

二、《原富》译事例言[①]

计学，西名叶科诺密，本希腊语。叶科此言家，诺密为聂摩之转，此言治、言计，则其义始于治家。引而申之，为凡料量经纪撙节出纳之事；扩而充之，为邦国天下生食为用之经。盖其训之所苞至众，故日本译之以经济，中国译之以理财。顾必求吻合，则经济既嫌太廓，而理财又为过狭。自我作故，乃以计学当之。虽计之为义，不止于地官之所掌，平准之所书，然考往籍，会计、计相、计偕诸语，与常俗国计、家计之称，似与希腊之聂摩较为有合，故《原富》者，计学之书也。

然则，何不径称计学，而名《原富》？曰：从斯密氏之所

① 严复：《〈原富〉译事例言》，见罗新璋、陈应年编：《翻译论集（修订本）》，第204～205页。

自名也。且其书体例，亦与后人所撰计学稍有不同。达用多于明体，一也；匡谬急于讲学，二也。其中所论，如部丙之篇二、篇三，部戊之篇五，皆旁罗之言，于计学所涉者寡，尤不得以科学家言例之。云《原富》者，所以察究财利之性情，贫富之因果，著国财所由出云尔。故《原富》者，计学之书，而非讲计学者之正法也。

…………

《原富》本文排本已多，此译所用，乃鄂斯福国学颁行新本，罗哲斯所斠阅者。罗亦计学家，著《英伦麦价考》，号翔赡，多发前人所未发者。其于是书，多所注释匡订，今录其善者附译之，以为后案。不佞间亦杂取他家之说，参合己见，以相发明。温故知新，取与好学深思者，备扬榷讨论之资云尔。

是译与《天演论》不同，下笔之顷，虽于全节文理不能不融会贯通为之，然于辞义之间无所颠倒附益。独于首部篇十一《释租》之后，原书旁论四百年以来银市腾跌，文多繁赘而无关宏旨，则概括要义译之。其他如部丁篇三首段之末，专言荷京版克，以与今制不同，而所言多当时琐节，则删置之。又，部甲后，有斯密及罗哲斯所附一千二百二年至一千八百二十九年之伦敦麦价表，亦从删削。又，此译所附中西编年，及地名、人名、物义诸表，则张菊生比部、郑稚辛孝廉于编订之余列为数种，以便学者考订者也。

…………

光绪二十七年岁次辛丑八月既望严复书于辅自然斋

三、与梁任公论所译《原富》书[①]

新明执事：承赠寄所刊《丛报》三期，首尾循诵，风生潮长，为亚洲二十世纪文明运会之先声。而辞意恳恻，于祖国，若孝子事亲不忘几谏，尤征游学以来进德之猛。曙曦东望，延跂何穷！三编所载，皆极有关系文字，而鄙诚所尤爱者，则第一期之《新史学》，第二期之《论保教》，第三期之《论中国学术变迁》。凡此，皆非囿习拘虚者所能道其单词片义者也。大报尝谓学理邃赜，宜以流畅锐达之笔行之，诚哉其为流畅锐达也。编中屡举畴昔鄙言，又绍介新著，于拙译《原富》之前二编，许其精善。凡此已悉出于非望矣。至乃谓"于中学西学皆第一流人物"，则不徒增受者之惭颜，亦将羞神州当世贤豪，而大为执事知言之诟。仆于西学，特为于众人不为之时，而以是窃一日之长耳。今者我皇上广厉学官，欲采中西之学术于一炉而冶之，则十年以往，才贤辈出，而置不佞于前鱼之列可知也。抑且无俟远跂，即执事同社诸贤，亲朋挥手以来，其艺能之愈富者何限。据现在以逆将来，是戋戋者之不足以云，又可决也。若夫仆中学之浅深，尤为朋友所共见，非为谦也。道不两隆，有所弃者而后有取，加以晚学无师，于圣经贤传，所谓宫室之富、百官之美，皆未得其门而入之。其所劳苦而仅得者，徒文辞耳，而又不知所以变化。此所以闻执事结习之议评，不徒不以为忤而转以之欣欣也。

窃以谓文辞者，载理想之羽翼，而以达情感之音声也。是故理之精者不能载以粗犷之词，而情之正者不可达以鄙倍

① 严复：《与梁任公论所译〈原富〉书》，见罗新璋、陈应年编：《翻译论集（修订本）》，第206～208页。

之气。中国文之美者，莫若司马迁韩愈。而迁之言曰：“其志洁者其称物芳。”愈之言曰：“文无难易惟其是。”仆之于文，非务渊雅也，务其是耳。且执事既知文体变化与时代之文明程度为比例矣，而其论中国学术也，又谓战国隋唐为达于全盛而放大光明之世矣，则直用之文体，舍二代其又谁属焉？且文界复何革命之与有？持欧洲挽近世之文章，以与其古者较，其所进者在理想耳，在学术耳，其情感之高妙，且不能比肩乎古人；至于律令体制，直谓之无几微之异可也。若夫翻译之文体，其在中国，则诚有异于古所云者矣，佛氏之书是已。然必先为之律令名义，而后可以喻人。设今之译人，未为律令名义。闯然循西文之法而为之，读其书者乃悉解乎？殆不然矣。若徒为近俗之辞，以取便市井乡僻之不学，此于文界乃所谓陵迟，非革命也。且不佞之所从事者，学理邃赜之书也，非以饷学僮而望其受益也，吾译正以待多读中国古书之人。使其目未睹中国之古书，而欲稗贩吾译者，此其过在读者，而译者不任受责也。夫著译之业，何一非以播文明思想于国民？第其为之也，功候有深浅，境地有等差，不可混而一之也。慕藏山不朽之名誉，所不必也。苟然为之，言庞意纤，使其文之行于时，若蜉蝣旦暮之已化，此报馆之文章，亦大雅之所讳也。故曰：声之眇者不可同于众人之耳，形之美者不可混于世俗之目，辞之衍者不可回于庸夫之听。非不欲其喻诸人人也，势不可耳。

台教所见，要之两事：其本书对照表，友人嘉兴张氏既任其劳；若叙述派别源流，此在本学又为专科，功巨绪纷，非别为一书不能晰也。今之所为，仅及斯密氏之本传，又为译例言数十条，发其旨趣。是编卒业，及一岁矣，所以迟迟未出者，缘译稿散在友人，遭乱抵滞，而既集校勘，又需时

日。幸今以次就绪，四五月间当以问世。其自任更译最后一书，此诚下走刻未去抱，第先为友人约译《穆勒名学》，势当先了此书，乃克徐及。不佞生于震旦，当十九二十世纪之交会，目击同种阽危，剥新换故，若巨蛇之蜕蚹而末由一借手。其所以报答四恩，对敭三世，以自了国民之天责者，区区在此。密勿勤劬，死而后已，惟爱我者静以俟之可耳。旅居珍重，惟照察不宣。严复顿首。

四、《群己权界论》译凡例[①]

或谓："旧翻自繇之西文 liberty 里勃而特，当翻公道，犹云事事公道而已。"此其说误也，谨案：里勃而特原古文作 libertas 里勃而达，乃自繇之神号，其字与常用之 freedom 伏利当同义。伏利当者，无挂碍也，又与 slavery 奴隶、subjection 臣服、bondage 约束、necessity 必须等字为对义。人被囚拘，英语曰 to lose his liberty 失其自繇，不云失其公道也。释系狗，曰 set the dog at liberty 使狗自繇，不得言使狗公道也。公道西文自有专字，曰 justice 札思直斯。二者义虽相涉，然必不可混而一之也。西名东译，失者固多，独此天成，殆无以易。

中文自繇，常含放诞、恣睢、无忌惮诸劣义。然此自是后起附属之诂，与初义无涉。初义但云不为外物拘牵而已，无胜义亦无劣义也。夫人而自繇，固不必须以为恶，即欲为善，亦须自繇。其字义训，本为最宽，自繇者凡所欲为，理无不可，此如有人独居世外，其自繇界域，岂有限制？为善为恶，一切皆自本身起义，谁复禁之！但自入群而后，我自繇者人亦自繇，使无限制约束，便入强权世界，而相冲突。

① ［英］约翰·穆勒著，严复译：《论自由》，第2～5页。

故曰人得自繇，而必以他人之自繇为界，此则《大学》絜矩之道，君子所恃以平天下者矣。穆勒此书，即为人分别何者必宜自繇，何者不可自繇也。

斯宾塞伦理学，《说公》（*Justice in Principle of Ethics*）一篇，言人道所以必得自繇者，盖不自繇则善恶功罪，皆非己出，而仅有幸不幸可言，而民德亦无由演进。故惟与以自繇，而天择为用，斯郅治有必成之一日。佛言“一切众生，皆转于物，若能转物，即同如来”。能转物者，真自繇也。是以西哲又谓：“真实完全自繇。”形气中本无此物，惟上帝真神，乃能享之。禽兽下生，驱于形气，一切不由自主，则无自繇，而皆束缚。独人道介于天物之间，有自繇亦有束缚。治化天演，程度愈高，其所得以自繇自主之事愈众。由此可知自繇之乐，惟自治力大者为能享之，而气禀嗜欲之中，所以缠缚驱迫者，方至众也。卢梭《民约》，其开宗明义，谓“斯民生而自繇”，此语大为后贤所呵，亦谓初生小儿，法同禽兽，生死饥饱，权非己操，断断乎不得以自繇论也。

名义一经俗用，久辄失真，如老氏之自然，盖谓世间一切事物，皆有待而然，惟最初众父，无待而然，以其无待，故称自然。此在西文为 self-existence，惟造化真宰，无极太极，为能当之。乃今俗义，凡顺成者皆自然矣。又如释氏之自在，乃言世间一切六如，变幻起灭，独有一物，不增不减，不生不灭，以其长存，故称自在。此在西文，谓之 persistence，或曰 eternity，或曰 conservation，惟力质本体，恒住真因，乃有此德。乃今断取涅槃极乐引申之义，而凡安闲逸乐者，皆自在矣。则何怪自繇之义，始不过谓自主而无挂碍者，乃今为放肆，为淫佚，为不法，为无礼。一及其名，恶义坌集，而为主其说者之诟病乎？穆勒此篇，所释名义，

只如其初而止。柳子厚诗云："破额山前碧玉流，骚人遥驻木兰舟，东风无限潇湘意，欲采蘋花不自繇。"所谓自繇，正此义也。

由繇二字，古相通假，今此译遇自繇字，皆作自繇。不作自由者，非以为古也。视其字依西文规例，本一玄名，非虚乃实，写为自繇，欲略示区别而已。

原书文理颇深，意繁句重，若依文作译，必至难索解人，故不得不略为颠倒，此以中文译西书定法也。西人文法本与中国迥殊，如此书穆勒原序一篇可见。海内读吾译者，往往以不可猝解，訾其艰深，不知原书之难，且实过之，理本奥衍，与不佞文字固无涉也。

贵族之治，则民对贵族而争自繇；专制之治，则民对君上而争自繇；乃至立宪民主，其所对而争自繇者，非贵族非君上。贵族君上，于此之时，同束于法制之中，固无从以肆虐。故所与争者乃在社会，乃在国群，乃在流俗。穆勒此篇，本为英民说法，故所重者，在小己国群之分界。然其所论，理通他制，使其事宜任小己之自繇，则无间君上贵族社会，皆不得干涉者也。

两国言论，最难自繇者，莫若宗教，故穆勒持论，多取宗教为喻。中国事与相方者，乃在纲常名教。事关纲常名教，其言论不容自繇，殆过西国之宗教。观明季李贽、桑悦、葛寅亮诸人，至今称名教罪人，可以见矣。虽然，吾观韩退之《伯夷颂》，美其特立独行，虽天下非之不顾。王介甫亦谓圣贤必不徇流俗，此亦可谓自繇之至者矣。至朱晦翁谓虽孔子所言，亦须明白讨个是非，则尤为卓荦俊伟之言。谁谓吾学界中无言论自繇乎？

须知言论自繇，只是平实地说实话求真理，一不为古人所欺，二不为权势所屈而已。使理真事实，虽出之仇敌，不可废也。使理谬事诬，虽以君父，不可从也。此之谓自繇。亚理斯多德尝言："吾爱吾师柏拉图，胜于余物，然吾爱真理，胜于吾师。"即此义耳。盖世间一切法，惟至诚大公，可以建天地不悖，俟百世不惑，未有不重此而得为圣贤，亦未有倍此而终不败者也。使中国民智民德而有进今之一时，则必自宝爱真理始。仁勇智术，忠孝节廉，亦皆根此而生，然后为有物也。

是故刺讥谩骂，扬讦诪张，仍为言行愆尤，与所谓言论自繇、行己自繇无涉。总之自繇云者，乃自繇于为善，非自繇于为恶。特争自繇界域之时，必谓为恶亦可自繇，其自繇分量，乃为圆足。必善恶由我主张，而后为善有其可赏，为恶有其可诛。又以一己独知之地，善恶之辨，至为难明，往往人所谓恶，乃实吾善，人所谓善，反为吾恶。此干涉所以必不可行，非任其自繇不可也。

此译成于庚子前，既脱稿而未删润，嗣而乱作，与群籍俱散失矣。适为西人所得，至癸卯春，邮以见还，乃略加改削，以之出版行世。呜呼！此稿既失复完，将四百兆同胞待命于此者深，而天不忍塞其一隙之明欤？姑识之以观其后云尔。

光绪二十九年岁次癸卯六月吉日严复识

五、《名学浅说》译者自序[①]

不佞于庚子辛丑壬寅间，曾译穆勒名学半部。经金粟斋刻于金陵。思欲赓续其后半，乃人事卒卒，又老来精神茶短，

---

① 严复：《〈名学浅说〉译者自序》，见罗新璋、陈应年编：《翻译论集（修订本）》，第212页。

惮用脑力。而穆勒书精深博大，非澄心渺虑，无以将事；所以尚未逮也。戊申孟秋，浪迹津沽。有女学生旌德吕氏，谆求授以此学。因取耶方斯浅说，排日译示讲解，经两月成书。中间义旨，则承用原书；而所引喻设譬，则多用己意更易。盖吾之为书，取足喻人而已，谨合原文与否，所不论也。朋友或訾不佞不自为书，而独拾人牙后慧为译，非卓然能自树者所为。不佞笑颔之而已。

后　记

严复先生离开我们快百年之久了，但国人一直都在怀念这位中国近代启蒙思想家、翻译家、教育家，其中的缘由不言而喻。

自《天演论》刊行一百多年来，人们对严复翻译问题的讨论从未间断，其中对“信达雅”问题的争论居多。近些年来，议题开始转向严复翻译与政治、文化之间的关系，这是值得注意的一个变化。

长期以来，少有人系统研究严复翻译理论，这对继承和弘扬严复留给我们的宝贵文化遗产有很大影响。出现这一现象，或许是因为至今大家还不太重视严复对翻译的真正看法，以至于这么多年来，市场上较少完整系统阐述严复翻译理论的著作。笔者的《严复与翻译》一书，正是为系统探究严复翻译理论所做的一次尝试。

因本人水平有限，书中不妥之处在所难免，如有错误，还望读者不吝指正。赐教处：lsxie52@sohu.com。

谢龙水

2018年12月于长沙